HOSHIORI 星栞

2023年の星占い
山羊座

石井ゆかり

山羊座のあなたへ
2023年のテーマ・モチーフ
解説

モチーフ：アイシングクッキー

　2022年後半からの「居場所を作る」季節が、2023年5月頃まで続きます。おうちでクッキーを焼くような、ほっこりほんわかした時間を過ごしたくなりそうです。さらに5月以降はそのクッキーを持って、元気良く遊びに出かけていくような時間となっています。クッキーを贈りたいと思えるような、素敵な誰かに出会う人も少なくないでしょう。「居場所」から「居場所の外」へ出て行く流れをイメージして、アイシングクッキーを選んでみました。お腹が空いたから自分で食べる、ということだけが目的なら、アイシングで可愛らしくデコレーションする必要はないはずです。楽しみのために、創造性を発揮するために、あるいはそれを見せたい「誰か」のために。ハートウォーミングでクリエイティブな1年です。

CONTENTS

はじめに

こんにちは、石井ゆかりです。

2023年は星占い的に「大物が動く年」です。「大物」とは、動きがゆっくりで一つの星座に長期的に滞在する星のことです。もとい、私が「大物」と呼んでいるだけで、一般的ではないのかもしれません。2023年に動く「大物」は、土星と冥王星です。土星は2020年頃から水瓶座に位置していましたが、2023年3月に魚座に移動します。冥王星は2008年から山羊座に滞在していましたが、同じく2023年3月、水瓶座に足を踏み入れるのです。このように、長期間一つの星座に滞在する星々は、「時代」を描き出します。2020年は世界が「コロナ禍」に陥った劇的な年でしたし、2008年はリーマン・ショックで世界が震撼した年でした。どちらも「それ以前・それ以後」を分けるような重要な出来事が起こった「節目」として記憶されています。

こう書くと、2023年も何かびっくりするような出来事が起こるのでは？と思いたくなります。ただ、既にウクライナの戦争の他、世界各地での民主主義の危機、

世界的な環境変動など、「時代」が変わりつつあること
を意識せざるを得ない事態が起こりつつあります。私
たちは様々な「火種」が爆発寸前の世界で生きている、
と感じざるを得ません。これから起こることは、「誰も
予期しない、びっくりするようなこと」ではなく、既
に私たちのまわりに起こっていることの延長線上で「予
期できること」なのではないでしょうか。

　2023年、幸福の星・木星は牡羊座から牡牛座を運行
します。牡羊座は「はじまり」の星座で、この星座を
支配する火星が2022年の後半からコミュニケーション
の星座・双子座にあります。時代の境目に足を踏み入
れる私たちにとって、この配置は希望の光のように感
じられます。私たちの意志で新しい道を選択すること、
自由のために暴力ではなく議論によって闘うこと、な
どを示唆しているように読めるからです。時代は「受
け止める」だけのものではありません。私たちの意志
や自己主張、対話、選択によって、「作る」べきもので
もあるのだと思います。

《注釈》

◆ 12星座占いの星座の区分け（「3/21〜4/20」など）は、生まれた年によって、境目が異なります。正確な境目が知りたい方は、P.124〜125の「太陽星座早見表」をご覧下さい。または、下記の各モバイルコンテンツで計算することができます。
インターネットで無料で調べることのできるサイトもたくさんありますので、「太陽星座」などのキーワードで検索してみて下さい。

モバイルサイト【石井ゆかりの星読み】（一部有料）
https://star.cocoloni.jp/（スマートフォンのみ）

◆ 本文中に出てくる、星座の分類は下記の通りです。

火の星座：牡羊座・獅子座・射手座　　地の星座：牡牛座・乙女座・山羊座
風の星座：双子座・天秤座・水瓶座　　水の星座：蟹座・蠍座・魚座

活動宮：牡羊座・蟹座・天秤座・山羊座
不動宮：牡牛座・獅子座・蠍座・水瓶座
柔軟宮：双子座・乙女座・射手座・魚座

《参考資料》

・『Solar Fire Gold Ver.9』（ソフトウェア）/ Esoteric Technologies Pty Ltd.
・『増補版　21世紀　占星天文暦』/ 魔女の家BOOKS　ニール・F・マイケルセン
・『アメリカ占星学教科書　第一巻』/ 魔女の家BOOKS　M.D.マーチ、J.マクエバーズ
・国立天文台 暦計算室Webサイト

HOSHIORI

山羊座 2023年の星模様
年間占い

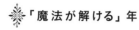

「魔法が解ける」年

「魔法にかかる」「呪いをかけられる」「恋の病にかか
る」。人間は自分でも気づかぬうちに、様々な力に「か
かる」ことがあります。どれも「自分にはどうにもなら
ない力に、囚われたようになる」ことを意味します。
自覚しなくとも、魔法にかけられてしまえば、「自分ら
しく」は動けなくなるのです。いつもの自分なら正確
に、爽やかにできることなのに、恋の病にかかると、ギ
クシャクして、ミスを連発して、真っ赤になってしま
ったりします。昨今では「アンガー・マネジメント」
という言葉も一般的になりました。怒りの感情もまた、
意識的にコントロールできにくいものの一つで、みん
なそのことに困っているわけです。

2023年、山羊座の人々の多くが、「魔法が解ける」
のを体験することになりそうです。2008年頃から、あ
るいは2020年頃から、山羊座の人々はなんらかの「魔
法」にかかっていたような状態だったのです。その魔
法が解けた時初めて、「なるほど、今までの自分は、本

来の自分とは少し違っていたな」とわかります。

　「呪い」は良くないものですが、「魔法」にはいい魔法もあります。また、「恋の病」にも、いいものとそうでないものがある、と言えるかもしれません。たとえば自分で自分をコントロールできないほどの恋をして、猛アタックして、幸福なカップルになる、という人はたくさんいるからです。「魔法が解けた」時に、「あの魔法にかかったお陰で、今の成長した自分があるのだ」と実感できれば、それが一番です。何かを強く欲したり、一つの思いに囚われたりしたとしても、その激しい情熱の体験を通して、新しい自分に「生まれ変わる」ことができるとすれば、それは素晴らしいことです。実際、お伽噺で「魔法にかけられた」人たちが魔法を解かれた時は、なんらかの新しい考え方や生きる姿勢を得ています。過去の自分とは違う生き方をしよう、という心の決意が固まっています。

　2008年頃から、山羊座の人々は、何かに強く執着したり、心を奪われたり、一つのことだけを猛烈に追求したりしてきたかもしれません。膨大な財を手に入れ、それを一気に失い、その後、安定的な経済活動を築き

上げた、といったプロセスを経験した人もいるでしょう。誰かに魅了されて人生のバランスを崩した人もいれば、経済的な不安に苛まれて全ての行動が変わった、という人もいるかもしれません。いずれにせよ、その激しいドラマは全て、あなたに新しい生命力と生活力を授けたはずです。生きていく力、生きていくために必要なものを手に入れるためのタフな力を、あなたはこの「波瀾万丈」の中で育て上げたはずなのです。

　これまでの長いドラマのテーマはひとえに、「渇望と充足」だったとも言えます。過去10年以上にわたる体験の中で、「自分が本当に欲しかったもの」を理解した人もいるだろうと思います。人からほめられたかったとか、人を従えたかったとか、優美な服を身に纏いたかったとか、たとえばそんな「欲望」を発見した人もいるかもしれません。何をやっても充たされなかったけれど、この時期出会った相手との関わりを通して、やっと「充たされる」という感覚を知った、という人もいるかもしれません。人間が「何を渇望するか」は、本当に人それぞれなのです。

2023年から2024年にかけて、その激しい「渇望」から抜け出せます。渇きが半ば充たされ、心が落ち着き、これまでの自分を客観的に理解できるようになります。中には、強い思い込みやこだわりから解き放たれ、周囲の人々との人間関係が著しく改善する、といった展開もあるかもしれません。「なんで自分は、あのような感情の鎖に囚われていたのだろう？」と不思議になる人もいるだろうと思いますが、それは決して意味のないことではありませんでした。激しいマグマが噴出して、新しい地形が形成されるように、あのコントロール不能のドラマも、あなたの人生の大切な一部だったのです。山羊座の人々は特に「管理・コントロール」を重視します。管理は正しいことで、望ましいことです。でも、世の中は管理などできないことで溢れているのです。他人の思惑、大自然、体や心の調子、運命の先行きなど、ほとんど何もコントロールできません。「コントロールできないもの」をどっぷり生きるという体験は、世界を知る上で何よりも大切なことだと言えるかもしれません。これまでのあなたは、言わば「山羊座らしくない」道を歩いてきたかもしれませ

んが、それこそが何よりも大事なことだったのです。

❄ 「居場所を作る」、年の前半

　2022年5月から2023年5月は、「居場所を作る」時間です。新たな家族を得た人もいれば、居場所を刷新した人もいるでしょう。引っ越しや家族構成の変化が起こりやすい時期と言えます。家族の誰かが人生の岐路に立ち、それをサポートする形で忙しくなった、という人もいるかもしれません。また、2022年前半までに移動を終え、2022年半ば以降は新しい場所に「根を下ろす・暮らしを根づかせる」ことに注力してきた人もいるはずです。

　一つの場所が「住処」と感じられるようになるまでには、一定の時間を必要とします。暮らしを繰り返す、その時間の積み重ねを通して、私たちはある地域、ある家、ある部屋を「信頼」できるようになります。2022年半ばから2023年半ばは、そんな環境や空間との信頼関係を結ぶ、とても大切な時間となっています。家や家族だけでなく、たとえば「行きつけの場所」や「いつもの仲間」なども立派な「居場所」です。こうした

世界も、繰り返し顔を合わせ、共有した時間を積み重ねることででき上がります。この時期は「繰り返すこと」が、例年以上に大事な意味を持つのです。

❄ 年の半ば以降「愛と情熱の季節」へ

5月半ばから2024年5月にかけては、「愛と創造の季節」です。恋愛はもちろん、何かを好きだと思う気持ち全般に強い追い風が吹き続けます。趣味や楽しみのための活動に没頭する人もいれば、情熱を注げる新たな対象に出会う人もいるでしょう。クリエイティブな活動に取り組んでいる人にとっては、大チャンスの季節と言えます。「ブレイク」を果たす人もいるかもしれません。

この時期の愛も、クリエイティブな活動も、「突発性・衝撃」を含んでいます。突然恋に落ちたり、突然のチャンスを掴んでいきなり有名になったり、といったことが起こりやすいのです。なめらかな経緯や、階段を一段一段上るような確かな前進を好む人には、ちょっと居心地が悪く感じられるかもしれません。ですが、少なくとも「突発的に起こったことだから、敬遠

する」といった方針には、こだわらないほうが良さそうです。突然始まることでも、「確かなこと」は存在するのです。

✺ 一時的に「自分の世界に留まる」という選択

「あちこち出歩いたり、環境を変えたりすることが、辛い」と感じられるようになるかもしれません。一時的に出不精になったり、新しいものよりも「既にあるもの」に軸足を置きたくなったりする人もいるでしょう。この傾向はあくまで一時的なもので、心配する必要はなさそうです。自分の世界に留まることによって、自分自身との対話が深まり、考えが成熟します。また、「自分の世界」をゆたかに育てることで、改めて外に出て他者と対峙した時、より多くの「語るべきこと」を持てるようになります。外に出て新しい文物に触れるだけが「学び」ではありません。かつて学んだことをもう一度学び直したり、昔好きだった本を読み返したりすることも、この時期は立派に成長と結びついています。「無知の知」という言葉がありますが、この時期は特に、自分の知的な力に疑念が生じやすくなってい

ます。それはすなわち、学びの契機です。

｛ 仕事・目標への挑戦／知的活動 ｝

　2022年8月下旬から、非常に熱い多忙期の中にあります。この多忙期は2023年3月まで続いています。年明けからガンガン活動し、担うべき役割や職務の内容を大きく変えていく人もいるでしょう。また、昨年夏から精力的に転職活動に取り組んでいる人もいるはずです。この場合も、2023年3月までには今の自分に合った職場に出会えるでしょう。

　仕事にあたって、「自分には十分な知識がない」「このスキルでは、責任を果たしきれない」といった不安を募らせている人もいるかもしれません。新たな仕事に向き合った時は特に「自分は知識不足だ」という危機感を抱きやすいものです。この3月以降、あなたはそうした不安に対し、現実的な対応策を取ることになりそうです。すなわち「コツコツ勉強し始める」のです。一気に多くの知識を身につけようとするのではなく、「わずかずつでもいいから、とにかく学び続けよ

う」という方針のもと、自分なりにカリキュラムを組み、あるいは「コーチ」「師匠」のような存在を得て、一歩一歩前進し始めるのです。この努力はあなたの生活にしっかり定着し、2〜3年の中で大きな実りをもたらすでしょう。

｛ 人間関係 ｝

　他人との関わりよりも、身内との関わりに強いスポットライトが当たっています。家族や近隣の人々、プライベートで関わる人々に、意識が向かいそうです。身近な人とじっくり対話の時間を持つことで、生活全体に安定感が出てきます。

　コミュニケーションにおいて、「意識的に話す」ことが求められる時です。意識しないでいると、どんどん距離感が出てくるかもしれません。かといって、ムリヤリ話を盛り上げようとしたり、相手に話させようとしたりするのも、この時期にはフィットしないようです。「いつも通り」のイメージにこだわらず、今目の前にあるものに時間をかけて働きかける、というスタンスが大切です。人生全体に関わるような、非常に大事

な話を、少しずつ進めていく人もいるはずです。

　普段なら一人で決めてさっさと進めてしまうようなところでも、敢えて相手の意見を聞こう、という思いが湧くかもしれません。あるいは逆に、普段なにかと人の意見に頼りがちな人は、「ここは自分が決めて、先頭に立って動いてみよう」というふうに、自立の意識が強まるかもしれません。

　たとえば外国語を母国語とする人と、日常的に近しく関わることになる、といったシチュエーションも考えられます。コミュニケーションがスムーズにいかないことで、逆に努力し合い、解り合う気持ちを強く共有できるかもしれません。コミュニケーションにおいて「ハードルが存在する」ことで、人間的成長が促されるような流れが生じそうです。

{ お金・経済活動 }

　2020年頃から経済的な不安が強かった人ほど、2023年はその不安からの明るい解放感が湧いてくるでしょう。遅くとも3月までには、経済的な問題から「脱出」できるはずです。過去2〜3年の中でお金に関してコツ

コツと頑張ってきた人は、その努力の果実を手にできそうです。

　さらに、より長期的に見ると、2023年以降2043年頃にまたがって、かなり大きな財を築くことができる時期となっています。欲も深くなりますし、こだわりが強くなり、自分でも不思議なほど経済的な利益や結果にこだわりたくなるかもしれません。「獲得」に向けてあらゆる情熱を注ぎ、多くを手に入れることができます。2023年3月から6月頭は、そうしたダイナミックな流れの「前兆」のような出来事が起こるかもしれません。たとえば「自分には一生関係がないだろうな」と思っていた豪邸や高級車、高級時計などが突然、現実感を伴って視界に飛び込んでくる、といったことも起こるかもしれません。

　さらに、パートナーの経済状態が思わしくなかったり、普段使えるリソースが制限されたりしていた人は、6月から10月上旬にかけてその悩みが解決します。普段関わる人々の経済状態が好転することで、あなたのお財布にも好影響が及ぶはずです。

｛ 健康・生活 ｝

2022年8月下旬から健康問題に取り組んでいた人も少なくないかもしれません。病気やケガの治療を受けて、回復のために頑張っていた人もいるでしょう。2023年3月までにはそれらの問題が解決し、穏やかな日常を取り戻せそうです。

あるいは、2022年夏以降、健康状態の向上のために、エクササイズやスポーツを始めた人もいるかもしれません。他にも、食生活を見直したり、悪習慣を断ち切るために頑張ったりと、なにかしら情熱や意欲を持って健康に向き合ってきた人は、3月までにその成果を実感できるはずです。

2023年前半は、生活を改善しよう、暮らしを良くしようという思いが強くなる時期です。生活環境を整え、家族との関係を改善し、ストレスの少ない、楽しい暮らしを構築できます。家屋やインテリア、各種設備などの物理的な環境整備が、心の状態にダイレクトに影響を及ぼします。盛大に掃除をしたら慢性的な心身の不調が改善する、といった効果も期待できる時です。

◉ 2023年の流星群 ◉

「流れ星」は、星占い的にはあまり重視されません。古来、流星は「天候の一部」と考えられたからです。とはいえ流れ星を見ると、何かドキドキしますね。私は、流れ星は「星のお守り」のようなものだと感じています。2023年、見やすそうな流星群をご紹介します。

4月22・23日頃／4月こと座流星群
例年、流星の数はそれほど多くはありませんが、2023年は月明かりがなく、好条件です。

8月13日頃／ペルセウス座流星群
7月半ばから8月下旬まで楽しめます。三大流星群の一つで、条件がよければ1時間あたり数十個見られることも。8月13日頃の極大期は月明かりがなく、土星や木星が昇る姿も楽しめます。

10月21日頃／オリオン座流星群
真夜中過ぎ、月が沈みます。土星、木星の競演も。

12月14日頃／ふたご座流星群
三大流星群の一つで、多ければ1時間あたり100個程度もの流れ星が見られます。2023年の極大期は月明かりがなく、こちらも好条件です。

HOSHIORI

山羊座 2023年の愛

年間恋愛占い

••

♥ 求め続けたものを、見つけられる年

　2019年頃から愛の世界で「自由」や「平等」を求め
てきた人が多いはずです。世間一般の常識とは少し違
った形でも、自分たちが本当に満足できる関係を作り
たい！という思いのもと、試行錯誤を続けてきた人が
少なくないだろうと思うのです。たとえば、昨今では
事実婚や別居婚を選択するカップルも増えてきている
ようです。年の差や社会的立場の違いなど、様々な伝
統的価値観の枠組みを超えて、どうしたら本当に幸福
になれるのか、ということを追求してきたあなたがい
るはずです。そうした試行錯誤、探究が、一気に現実
のものとして「開花」するのが、この5月から2024年
5月という時間帯です。あなたが愛について願ってき
たことが、ついに実現します。愛を探してきた人は、
「これだ！」と思える相手に出会えそうです。

❴ パートナーを探している人・結婚を望んでいる人 ❵
　5月半ばから2024年5月にかけて、素晴らしい愛の
季節となっています。愛を探している人は、チャンス

••

を見つけやすいでしょう。山羊座は「伝統的価値観」と関係の深い星座で、愛の関係やパートナーシップに関しても、どこか古風な価値観を持ちやすいようです。でも、この時期は不思議とそうした古い価値観から「抜け出したい！」という思いが強まるかもしれません。あくまで自由な一人の人間として、もう一人の自由な人間と出会い、対等に関わりたい、という思いが強まるのです。こうした思いは既に2019年頃から湧いていただろうと思うのですが、2023年5月からはその思いが現実のアクションとガッチリ結びつきます。「あるべき形、みんなが納得する形、常識的な形」を超えて、本物の人間的愛を実現できる季節です。

｛ パートナーシップについて ｝

　2023年5月から2024年5月は「愛の季節」で、パートナーシップにも愛が溢れるでしょう。愛は人間とともに成長するものですが、この時期は特に、パートナーシップに新しい価値観を導入し、より自由で対等な関係の中で愛をフレッシュに再生できそうです。とても楽しい、ゆたかな愛の時間です。

「衣食足りて礼節を知る」と言われます。パートナーシップにおいて関係が険悪になるきっかけは、金銭問題や「価値観の違い」が多数を占めるそうです。その点でも、2023年はとても喜ばしい時期となりそうです。というのも、あなた自身もパートナーも、経済活動がダイナミックに好転するからです。物質的・金銭的な心配事が解消して心に余裕ができ、パートナーとのコミュニケーションがあたたかくなり、お互いへの思いやりがストレートに表れる、といった展開が考えられるのです。

⎰ 片思い中の人・愛の悩みを抱えている人 ⎱

　片思い中の人は、5月以降に状況を変える勇気が湧くかもしれません。ここからの1年は愛が「電撃的」に展開します。片思いから突然恋仲に飛躍する人もいるでしょう。あるいは、たとえ一時的に望まぬ状況になっても、望みのはるか上を行くような嬉しい出来事が起こる可能性があります。チャンスの神様には、前髪しかついていない、と言われます。うつむいていてはチャンスを見逃す怖れがあります。愛について、決し

て希望を失わずにいたいところです。

　愛の悩みを抱えていた人も、5月以降はとてもハッピーな展開が期待できます。あなた自身の、自由と自立を目指す強い意志が、二人の関係を「一度解体し、再度組み立てる」ようなアクションを可能にするかもしれません。また、二人の経済的関係についての悩みがあったなら、この問題は2023年中に解決する可能性が高いようです。

⸢ 家族・子育てについて ⸥

　家の中がとてもあたたかくなります。自分が望む理想の家庭を追求できますし、優しさや穏やかさを阻んでいた条件があれば、それが解除されていくでしょう。これまで気になって仕方がなかったことや、どうしても不満だったことなどが、意外な形で解消されていくかもしれません。意識的に話し方や接し方を変えることで、驚くほど家族の仲が良くなる、といった展開もあり得ます。一方、兄弟姉妹との関係においては、「潜在的な問題が顕在化する」気配が。先を急がず、まずはじっくり問題の根本にあるものを検討したいところ

です。

　子育てに関しては、5月から2024年5月が素晴らしい成長期となっています。これまで子育てに関する悩みが多かった人も、この時期その悩みが自然に解消するか、または電撃的な出来事を通して解決へのレールに乗れそうです。特に、自分の子供の頃の体験や心情に縛られて、子育てがしづらい、と考えている人にとっては、この時期はその「子供だった自分の思い」からある意味で自由になれるタイミングとなるかもしれません。子育ての中で自分の幼い頃の気持ちと向き合うことになる人は、とてもたくさんいます。ただ、その思いと自分の子育てを切り離せないかというと、決してそうではありません。この時期、子育てに関してなんらかの精神的自由を獲得する人が多いはずです。そこに、純粋な愛が湧き上がり、流れ込みます。

╲ 2023年　愛のターニングポイント ╱

　1月上旬は素敵なことが起こりそうです。さらに3月半ば以降は2024年5月まで、ずっと愛の強い追い風が吹き続けます。「愛を生きる」季節です。

HOSHIORI

山羊座 2023年の薬箱

もしも悩みを抱えたら

❈2023年の薬箱 〜もしも悩みを抱えたら〜

誰でも日々の生活の中で、迷いや悩みを抱くことがあります。2023年のあなたがもし、悩みに出会ったなら、その悩みの方向性や出口がどのあたりにあるのか、そのヒントをいくつか、考えてみたいと思います。

◈コミュニケーションはゆっくりと

コミュニケーションが妙に「噛み合わない」と感じられるかもしれません。伝えたいことがうまく伝わらなかったり、話しかけることが不思議と怖くなったり、「話してもどうせ聞いてもらえない」「わかってもらえるはずがない」など、否定的・悲観的な思いに囚われたりすることが多くなるかもしれません。この時期、あなたは非常に考え深くなり、人に対して普段以上にこまやかに気を遣う状態になっています。言わば、あなた自身のセンサーが普段よりも鋭敏になっているため、相手の反応や理解を気にしすぎてしまう傾向があるのです。優しくしたいのに妙に言葉がきつくなったり、身近な人との会話の時間を持ちにくくなったりする人も

いそうです。こうした「コミュニケーション不全」の問題は、だんだんとコミュニケーションスタイルの深まり・発展に繋がっていきます。話すよりもよく聞くこと、時間をかけること、相手の話を理解するために周辺の情報を学ぶことなどが役に立つかもしれません。2026年頃には悩みが解決します。

◆「過活動」からくる疲労に気をつける

　3月頃まで「過活動」になりがちです。働きすぎ、運動のしすぎ、健康法のやりすぎなどには気をつけたいところです。「休む」ことに罪悪感を持つなど、強迫的に「動かなければ！」と思いがちの時期ですが、実際には「休んでいない」ことのほうが大問題なのかもしれません。3月を過ぎると心身のコンディションが穏やかに、やわらかくなり、疲れを癒す方向へと舵を切れそうです。家族や身近な人との摩擦、衝突も、3月頃を境に解消していくはずです。

2023年のプチ占い（牡羊座〜乙女座）

牡羊座（3/21-4/20生まれ）
年の前半は「約12年に一度のターニングポイント」のまっただ中。新しい世界に飛び込んでいく人、大チャレンジをする人も。6月から10月上旬は「愛の時間」に突入する。フレッシュで楽しい年に。

牡牛座（4/21-5/21生まれ）
仕事や社会的立場にまつわる重圧から解放された後、「約12年に一度のターニングポイント」に入る。何でもありの、自由な1年になりそう。家族愛に恵まれる。「居場所」が美しくゆたかになる年。

双子座（5/22-6/22生まれ）
2022年8月からの「勝負」は3月まで続く。未来へのチケットを手に入れるための熱い闘い。仲間に恵まれる。さらに2026年にかけて社会的に「高い山に登る」プロセスに入る。千里の道も一歩から。

蟹座（6/23-7/23生まれ）
5月までは「大活躍の時間」が続く。社会的立場が大きく変わる人、「ブレイク」を果たす人も。年の後半は交友関係が膨らみ、行動範囲が広がる。未来への新たなビジョン。経済的に嬉しい追い風が吹く。

獅子座（7/24-8/23生まれ）
年の前半は「冒険と学びの時間」の中にある。未知の世界に旅する人、集中的に学ぶ人も。6月から10月上旬まで「キラキラの愛と楽しみの時間」へ。嬉しいことがたくさん起こりそう。人に恵まれる。

乙女座（8/24-9/23生まれ）
年の前半は「大切な人のために勝負する」時間となる。挑戦の後、素晴らしい戦利品を手にできる。年の後半は未知の世界に飛び出していくことになりそう。旅行、長期の移動、新しい学びの季節へ。

（※天秤座〜魚座は P.96）

HOSHIORI

山羊座 2023年 毎月の星模様

月間占い

◆星座と天体の記号

「毎月の星模様」では、簡単なホロスコープの図を掲載していますが、各種の記号の意味は、以下の通りです。基本的に西洋占星術で用いる一般的な記号をそのまま用いていますが、新月と満月は、本書オリジナルの表記です（一般的な表記では、月は白い三日月で示し、新月や満月を特別な記号で示すことはありません）。

♈：牡羊座	♉：牡牛座	♊：双子座
♋：蟹座	♌：獅子座	♍：乙女座
♎：天秤座	♏：蠍座	♐：射手座
♑：山羊座	♒：水瓶座	♓：魚座
☉：太陽	●：新月	○：満月
☿：水星	♀：金星	♂：火星
♃：木星	♄：土星	♅：天王星
♆：海王星	♇：冥王星	
℞：逆行	Ɖ：順行	

◈ 月間占いのマーク

　また、「毎月の星模様」には、6種類のマークを添えてあります。マークの個数は「強度・ハデさ・動きの振り幅の大きさ」などのイメージを表現しています。マークの示す意味合いは、以下の通りです。

　マークが少ないと「運が悪い」ということではありません。言わば「追い風の風速計」のようなイメージで捉えて頂ければと思います。

★	特別なこと、大事なこと、全般的なこと
✊	情熱、エネルギー、闘い、挑戦にまつわること
🏠	家族、居場所、身近な人との関係にまつわること
¥	経済的なこと、物質的なこと、ビジネスにおける利益
✏	仕事、勉強、日々のタスク、忙しさなど
♥	恋愛、好きなこと、楽しいこと、趣味など

1

JANUARY

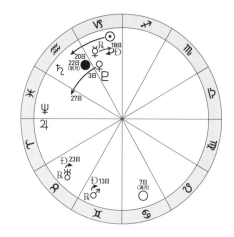

◆**年明け、ゆっくり始動する。**

スロースタートの年明けです。ペースを落とし、ゆっくり様子を見ながら起ち上げていくほうが、今年はスムーズなスタートを切れそうです。「予定通り」「想定通り」にこだわらず、目の前の状況に柔軟に対応を。今は先を急ぐより、じっくり時間をかけて取り組みたい大切なテーマがあるようです。

◆**経済活動に光が射し込む。** ¥¥¥

平たく言って「金運が良い」時です。特に2020年頃から経済的な不安と闘ってきた人は、この時期「そろそろ不安の出口に近づいている」ということが見えてくるでしょう。努力が実を結びつつあることがわかりますし、経済活動において「これから

どのように動くべきか」が明確になります。

◆「忙しさ」がスムーズに流れ出す。

10月末頃から仕事や日常生活において混乱が生じていたなら、13日頃を境にリズムを取り戻せそうです。去年の8月末から生活改善や転職活動などに取り組んできた人も、このあたりから出口が見えてきます。日々の活動が前進に転じます。

♥価値観を理解し、理解される。

「価値観」がキーワードです。この時期、カップルはお互いの価値観の違いについて、深く語り合うことができそうです。仲の良いカップルは価値観が似ていることが多いわけですが、「完全に一致」するわけではありません。相手の価値観を尊重し、自分の価値観をわかってもらう工夫が必要な場面が出てくるものです。愛を探している人も、この時期は相手の価値観に敏感になります。行動パターンや雑談へのリアクションの中に、価値観を「読み取り」たくなりそうです。

》》 1月 全体の星模様 《

年末から逆行中の水星が、18日に順行に戻ります。月の上旬から半ば過ぎまでは、物事の展開がスローペースになりそうです。一方、10月末から双子座で逆行していた火星は、13日に順行に転じます。この間モタモタと混乱していた「勝負」は、13日を境に前進し始めるでしょう。この「勝負」は去年8月末からのプロセスですが、3月に向けて一気にラストスパートに入ります。

2

FEBRUARY

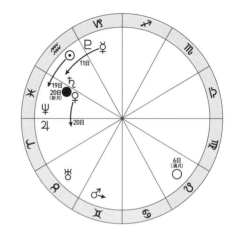

◆**好意から生まれる好循環。** 🖤🖤

素晴らしいコミュニケーションの季節です。人と対話すること
がとても楽しく感じられます。いろいろな人から声をかけても
らえますし、あなた自身、人に前向きな言葉を投げかけたくな
るでしょう。人のいいところを見つけたり、一緒に楽しもうと
いう意志を共有したりして、好循環を生み出せます。

◆**「自分という謎」の一つが解ける。**

月の上旬、自分への理解がぐっと深まるような出来事が起こる
かもしれません。これまでどうにも説明のつかない思いを抱え
ていた人、自分でも「なぜ自分はこのように行動するのか」と
不可解に感じていた人は、その謎がクリアに解けるかもしれま

せん。「なるほど、自分はこれを求めていたのか」という理解に辿り着き、スッキリできそうです。

◆「既に手の中にあるもの」の再評価。　　　　　¥ ¥

中旬から下旬にかけて、手持ちのアイテムを整理したくなりそうです。「棚卸し」のような作業を通して、身軽になれます。自覚せず持っていた武器を活かせるようになります。

♥他者に対し、愛ある誠実な関心を寄せる。　　　♥ ♥

愛の世界にも、ゆたかなコミュニケーションが満ちています。愛する人と親密な、大切な話ができます。対話を重ねることによって、より深く心が通う時です。愛を探している人は、ともに学ぶ気持ちを持てる相手に巡り合えそうです。学びの場、ふと外出した先での出会い、同級生や幼なじみの紹介、兄弟姉妹の知人との縁などが期待できます。雑談は愛の土壌です。何気ない対話の中でも、他者への人間的興味・関心をもって語りかけることで、可能性が広がります。

>>> **2月 全体の星模様** <<<

金星が魚座、水星が水瓶座を運行します。両方とも「機嫌のいい」配置で、愛やコミュニケーションがストレートに進展しそうです。6日の獅子座の満月は天王星とスクエア、破壊力抜群です。変わりそうもないものが一気に変わる時です。20日は魚座で新月が起こり、同日金星が牡羊座に移動、木星と同座します。2023年前半のメインテーマに、明るいスイッチが入ります。

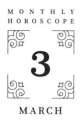

MONTHLY HOROSCOPE

3

MARCH

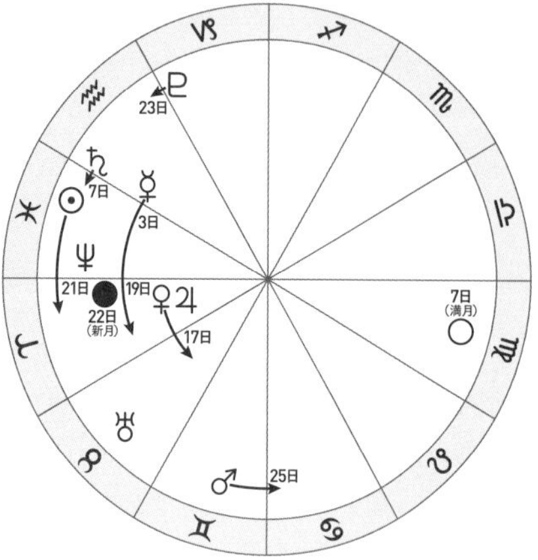

◈見えない鎖からの解放。 ★★★

強いこだわりや固く守っていた自分ルール、心に深く根を下ろした価値観などが、この3月を境にふわりと心から離れるような変化が起こりそうです。「なぜあれほどこだわっていたのだろう？」と自分でも不思議になるかもしれません。自縄自縛から解き放たれて、自由を得た深い喜びに包まれます。

◈「居場所」が賑やかに、美しくなる。

家族や身近な人との時間が、とてもゆたかなものになります。普段よりも居場所で過ごす時間が増えるかもしれません。来客が多くなったり、家の中を美しくしたくなったり、「普段の風景」がガラッと変わるでしょう。月の前半はホームパーティーをし

ているような状態で、月の後半は家の中をしっかり片づけて新たな生活動線を作る、といった展開も。

◆お金に関する心配が終わる。
過去2〜3年の中で経済的な不安や問題を抱えていた人は、今月を境にその問題から解放されます。「金運」が上向きに。

♥月の後半、強い愛の追い風が吹く。 ♥♥♥
7日前後、愛に強いインパクトが走るかもしれません。突然心を開かれるとか、誤解が解けるといった前向きな変化が起こりそうです。17日以降、素晴らしい愛の追い風が吹いてきます。フリーの人もカップルも、嬉しい愛の展開が期待できます。23〜25日を境に、愛に対するスタンスがガラッと変わる人もいそうです。たとえば、これまで主体的に働きかけていた人が、突然アプローチを受けて受動的に振る舞うようになったり、逆に受動的、抑制的に振る舞っていた人は、自分から動けるようになったりするかもしれません。

》》3月 全体の星模様 《

今年の中で最も重要な転換点です。土星が水瓶座から魚座へ、冥王星が山羊座から水瓶座へと移動します。冥王星は6月に一旦山羊座に戻りますが、今月が「終わりの始まり」です。多くの人が長期的なテーマの転換を経験するでしょう。去年8月下旬から双子座に滞在していた火星も冥王星の翌々日25日に蟹座に抜けます。この月末は、熱い時代の節目となりそうです。

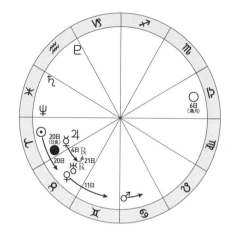

◆熱い「真剣勝負」に臨む。　

人間関係が熱くなります。個性的な人、情熱的な人と関わり、大いに刺激を受け取れそうです。一方、タフな交渉に臨むなど「真剣勝負」に挑む人もいるでしょう。衝突や摩擦も起こりやすい時ですが、決して怯むことなく、自分の主張をしっかり伝えたいところです。闘って得るものがある時です。

◆大切なものを守るための闘い。　

2023年前半のテーマである「居場所、家、家族」について、大きな動きが起こります。ここが「クライマックス」のようなタイミングです。引っ越しや家族構成の変化などが具体的に動きますし、居場所に関して時間や労力を割く必要が出てくるはず

です。「大切な人を守るために、外部の人々と闘う」ようなシチュエーションもあるかもしれません。勇気を出して。

◆独創性を高く評価される。

6日前後、仕事や対外的な活動において、大きな成果を挙げられそうです。あなたの創造性や才能が認められる時です。

♥上旬、中旬、下旬で流れが変わる。 ♥ ♥

月の上旬はキラキラの時間となっています。フリーの人もカップルも、楽しいことがたくさん起こるでしょう。月の半ばは愛について新しいコミュニケーションが生まれる時間となっています。パートナーと新鮮なテーマで語り合ったり、意外な人物と話をするようになって、そこから愛が芽生えたりすることになるかもしれません。月の下旬は少し流れが変わります。自分から積極的に動ける一方で、「過去から戻ってくる」ものがありそうです。失った愛が蘇ったり、懐かしい場所でデートしたり、といったことが起こりやすいはずです。

▶▶▶ 4月 全体の星模様 ◀

昨年8月下旬から火星が位置した双子座に11日、金星が入ります。さらに水星は21日からの逆行に向けて減速しており、「去年後半から3月までガンガン勝負していたテーマに、ふんわりとおだやかな時間がやってくる」ことになりそうです。半年以上の激闘を労うような、優しい時間です。20日、木星が位置する牡羊座で日食が起こります。特別なスタートラインです。

MONTHLY
HOROSCOPE

5

MAY

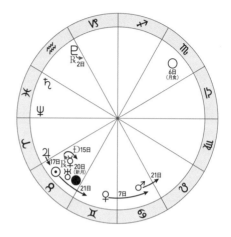

◆「どうしたいか」から始まるドラマ。　　♥ ♥ ♥

「どうすべきか」を常に考える山羊座の人々ですが、このタイミングでは「どうしたいか」が重点的に問われます。あなたの個性や欲望、才能、本性に基づいた方向性のようなものに、強いスポットライトが当たります。やりたいことを「できない理由」がこの時期以降、全て取り払われるようです。

◆愛があるからこその「真剣勝負」。　　♥ ♥ ♥

人間関係全体が熱く盛り上がります。公私ともに刺激的な出会いがありますし、人に会う機会が増えるでしょう。4月から相談や交渉に挑んでいる人は、21日頃までに着地点を見出せそうです。この時期の「真剣勝負」には、あたたかな愛もこもって

います。強い好意があるからこそ、真剣に話し合う場を持てるのかもしれません。誠意を尽くしたいところです。

◆夢に近づく「近道」。 ★★★

6日前後、夢に大きく一歩近づけそうです。意外な近道に導かれ、いくつかのステップをショートカットできるかも。

♥愛のミラクルな物語が始まる。 ♥♥♥

月の前半は混乱や停滞が感じられるかもしれませんが、「何か新しいことが動き始めている」という予感は日増しに強まるでしょう。そして月の半ば、一気に「愛の季節」へ突入します。ここから2024年5月にまたがって、約12年に一度の強い追い風が吹きまくるのです。フリーの人も、カップルも、どこまでもドラマティックな愛を生きることになるでしょう。ここからの1年、愛のドラマは意外性や突発性をはらんでいて、あなたの心の新しい扉をどんどん開いてくれます。まずは自分の気持ちを確かめた上で、ストレートな愛情表現を。

≫ 5月 全体の星模様 ≪

3月に次いで、節目感の強い月です。まず6日、蠍座で月食が起こります。天王星と180度、この日の前後にかなりインパクトの強い変化が起こるかもしれません。15日に逆行中の水星が順行へ、17日に木星が牡羊座から牡牛座に移動します。これも非常に強い「節目」の動きです。約1年の流れがパッと変わります。21日、火星と太陽が星座を移動し、全体にスピード感が増します。

MONTHLY
HOROSCOPE

6

JUNE

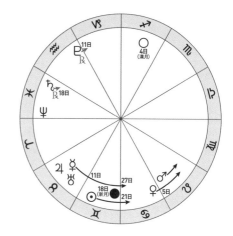

◆「自分のこと」に集中できる。　　　　　　　★≠★≠

先月末までにタフな交渉や討論は一段落し、6月に入る頃には穏やかな空気に包まれます。自分のペースで物事を進められるので、とてもリラックスできるでしょう。好きなことに取り組む上で、腰を据えて勉強を始める人もいるかもしれません。自分のアイデアにまつわる活動に集中できそうです。

◆人を巻き込んだ経済活動。　　　　　　　¥ ¥ ¥

経済活動が活気を増します。特に、パートナーの経済状態が向上したり、融資やローンの話がうまくまとまるなど、他者との関わりの中で「お金の巡りが活性化する」時です。また、素敵なオファーがあったり、びっくりするような提案を受けたりと、

「人から受け取るもの」がたくさんある時です。

◎ **生活全体のコンディションが上向きに。** 🏠

健康状態が上向きになります。生活のリズムが整い、調子が良くなります。日々の時間の管理を意識したい時です。

♥ **「熱」が収まったところで、新たな成長期へ。** ♥ ♥

3月末頃からパートナーとの衝突や摩擦に悩んでいた人は、6月に入る頃にはトンネルを抜けられるでしょう。正直にぶつかったことで逆に愛が強まった、関係が改善した、というカップルも少なくないはずです。もし、6月頭の段階で「ヒートアップしたケンカが冷戦状態になっただけ」だったとしても、実はここが愛のスタートラインです。顕わになった問題点について、この先じっくりコミュニケーションを重ね、二人の愛を本物へと育てていけるはずなのです。愛を探している人は、ちょっとしたギフトやお土産がきっかけとなるかもしれません。モノや小銭の貸し借りも、愛の糸口です。

⟫⟫ **6月 全体の星模様** ⟪

火星と金星が獅子座に同座し、熱量が増します。特に3月末から蟹座にあった火星はくすぶっているような状態にあったので、6月に入ると雨が上がってからっと晴れ上がるような爽快さが感じられるかもしれません。牡牛座に入った木星は魚座の土星と60度を組み、長期的な物事を地に足をつけて考え、軌道に乗せるような流れが生まれます。全体に安定感のある月です。

MONTHLY
HOROSCOPE

7

JULY

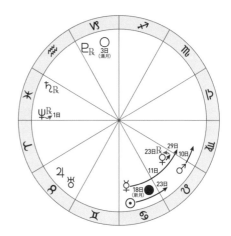

◆悩みを吹き飛ばすための学び。

中旬以降、熱い意欲や強い問題意識のもと、精力的に学べる時間になります。特に知識やスキルにまつわるコンプレックス、悩みを抱えている人ほど、この時期その問題に正面から向き合い、真面目に勉強していけるでしょう。少し厳しい「師」に出会い、気合いが入る人も。自ら望んで学べる時です。

◆自己表現への能動的アクション。 ★彡★彡

3日前後、クリエイティブな活動においてかなり勇敢なアクションを起こせそうです。これまで自己表現や自己主張をためらいがちだった人も、このタイミングでは意外な勇気が湧いてきて、思い切って行動できるでしょう。自分を守ろうとする気持

ちを乗り越えた時、夢が叶うかもしれません。

◆安定的な経済状態。　　　　　　　

6月からの「熱い経済活動」の時間が上旬までに収束、ここまでの奮闘が実を結ぶ形で、経済状態が安定し、明るくなります。生活において「お金やモノの巡りが良くなる」時です。

♥想定外の愛のドラマが起こる。　　♥♥♥

3日前後、愛のドラマがガツンと進展しそうです。普段素直になれない人も、このタイミングではいきなり自分の本当の気持ちが溢れ出し、相手に伝わってしまう気配があります。カップルはずっと伝えたかったことがしっかり伝わるでしょう。普段とは違う愛のコミュニケーションチャネルが開かれます。さらに18日前後、愛を探している人は素晴らしい出会いに恵まれそうです。この出会いは強い意外性をはらみ、突発的でもあります。意外な人と、意外なシチュエーションで恋に落ちることになる可能性の高いタイミングです。

》》 7月 全体の星模様 《

10日に火星が獅子座から乙女座へ、11日に水星が蟹座から獅子座へ移動します。火星が抜けた獅子座に金星と水星が同座し、とても爽やかな雰囲気に包まれます。5月末から熱い勝負を挑んできたテーマが、一転してとても楽しく軽やかな展開を見せるでしょう。一方、乙女座入りした火星は土星、木星と「調停」の形を結びます。問題に正面から向き合い、解決できます。

8

AUGUST

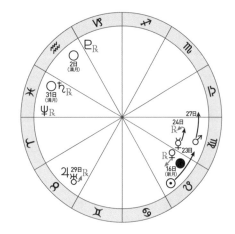

◆**熱い「冒険と学び」の時間。**　✊✊✊

熱い「冒険と学び」の時間です。遠く遠征に出る人もいれば、精
力的に学ぶ人もいるでしょう。発信活動や自己表現に取り組ん
でいる人には、チャレンジすべきチャンスが巡ってきそうです。
知的好奇心や向上心を燃やして、ガンガン「攻める」時間帯で
す。熱い「師」の力強い導きに恵まれる人も。

◆**「甘えすぎかな？」くらいで大丈夫。**　💴💴

先月からの「安定した経済状態」が続いています。ただ、この
時期はその安定感に不思議な停滞感や混乱も含まれているよう
です。お金についての見通しが甘くなったり、人から過度に甘
えられて違和感を抱いたり、逆に「こんなに甘えてしまってい

48

いのかな？」と不安になったりするかもしれません。でも、この時期のそうした戸惑いや迷いは、一つの成長のステップであるようです。あまり四角四面に考えず、まずは人の気持ちや好意を受け取ることを意識したい時です。

◆月末の「大事な話」。

月末、とても重要な話をする機会がありそうです。今一番悩んでいること、立ち止まったまま動けずにいることなどを、誰かが真剣に聞いてくれます。素直に思いを語って。

♥価値観の擦り合わせができる時。 ♥ ♥

深く愛し合っていても、「価値観の相違」が原因でうまくいかなくなるカップルは少なくありません。今月は「価値観の擦り合わせ」ができそうです。価値観は、どちらが正しくてどちらが間違っていると断定できない部分を含んでいます。だからこそ、その人が人生において最も大事にしていることは何か、といった核心に立ち返って語り合う必要があります。

▶ 8月 全体の星模様 ◀

乙女座に火星と水星が同座し、忙しい雰囲気に包まれます。乙女座は実務的な星座で、この時期多くの人が「任務」にいつも以上に注力することになりそうです。一方、獅子座の金星は逆行しながら太陽と同座しています。怠けたりゆるんだりすることも、今はとても大事です。2日と31日に満月が起こりますが、特に31日の満月は土星と重なり、問題意識が強まりそうです。

9

SEPTEMBER

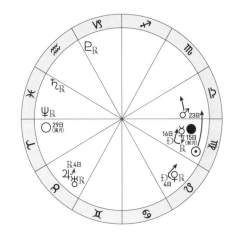

◆**遠慮せずに、アイデアを出す。**

熱い多忙期です。仕事や対外的な活動において、ガンガンチャレンジすることになるでしょう。慣れたこと、できることの範囲の外側に出てトライすべきテーマが出てきます。こうした挑戦がすぐに、大きめのチャンスに繋がる気配も。今は特に、自分からどんどんアイデアを出すことが重要です。

◆**復習、学び直し。過去から学ぶこと。**

遠くから懐かしい音信があるかもしれません。また、あなたのほうから遠く懐かしい場所を訪ねていくことになるかもしれません。過去に行った場所が今のあなたに多くの価値あることを教えてくれるようです。また、同じ場所を何度も繰り返し訪れ

ることも、この時期は意味があります。新しいものを追いかけるより、「復習・学び直し」をすることで、先に進むための武器や防具が増えます。古い教科書を開いてみて。

◆お金に関する、前向きな「軌道修正」。　　　　　　　　💴💴
経済活動におけるアンバランスがあれば、この9月に是正できそうです。自分が負担しすぎだったり、逆に人に依存しすぎだったりする部分をきちんと整理し、正常化できます。「恩返し」のようなアプローチから、人間関係が一気に好転する気配も。

♥心身の距離がぐっと縮まる。　　　　　　　　　　　　🖤🖤
愛を探している人も、上記のように「遠くて懐かしい場所」を訪れることで縁を見つけられるかもしれません。また、同窓生や遠くにいる友達に連絡を取ると、意外な縁が結ばれる気配も。カップルはお互いの心身の距離がぐっと縮まります。日常的なスキンシップや、相手の「好物」を選んであげるようなシチュエーションが、普段より大きな意味を持ちます。

≫≫ 9月 全体の星模様 ≪

月の前半、水星が乙女座で逆行します。物事の振り返りややり直しに見るべきものが多そうです。15日に乙女座で新月、翌16日に水星順行で、ここが「節目」になるでしょう。物事がスムーズな前進に転じます。8月に逆行していた金星も4日、順行に戻り、ゆるみがちだったことがだんだん好調になってきます。火星は天秤座で少し不器用に。怒りのコントロールが大切です。

MONTHLY HOROSCOPE

10

OCTOBER

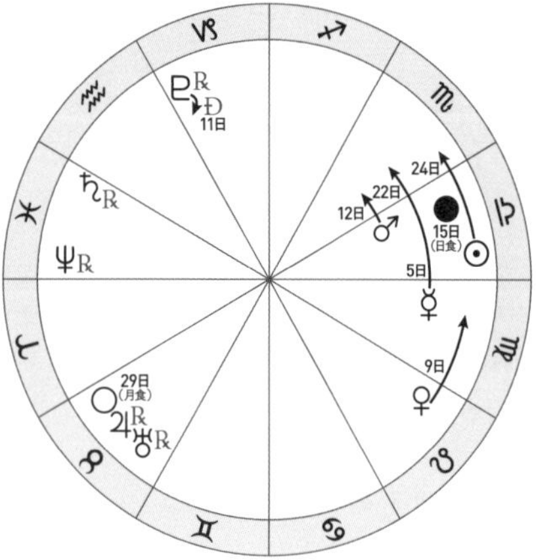

◈勝負の後、まとめ役を担う。

12日までは仕事や対外的な活動における多忙期が続いています。自分からガンガン勝負をかけ、結果を出せそうです。特に、長年の野心をここで叶える！という人もいるかもしれません。月の半ば以降は爽やかな活動期となります。肩の力を抜いて、周囲の力を活かすことを意識したい時です。

◈熱い交友関係。ぶつかる気配も。

12日以降、仲間や友達との関係が熱く盛り上がります。刺激を与え合い、情熱を共有できる一方で、競争心や意欲の高まりから、衝突や摩擦が生じる可能性も。特にこの時期のあなたは独自のアイデアに溢れ、才能が輝いているので、嫉妬を買いやす

いところもあるかもしれません。とはいえ、無理に丸く収めようとするよりも、むしろ堂々とぶつかって感情的な膿（うみ）を出してしまうほうが、後々関係は好転するはずです。相手を大切に思う気持ちを明確に表現すれば、こじれません。

◈楽しい方向へ、気分転換。 ♥

勉強や研究、取材、発信活動などに取り組んでいる人は、なんとなく気合いが入らなかったり、怠けてしまったりするかもしれません。普段ストイックな人ほど、今は「易き（やすき）に流れる」気配も。でも、時には力を抜いたり、別の方向に目を向けたりすることも大事です。無理に頑張らず、気分転換を。

♥「余計なもの」を大事にしない。 ♥ ♥ ♥

格好をつけたり、体面を保とうとしたり、愛よりもプライドを優先したりすることは、今は全く必要ありません。不器用なひたむきさ、素朴な正直さ、一生懸命愛する気持ちこそが、最大の愛の武器となります。愛を一番大切に考えて。

》10月 全体の星模様《

獅子座の金星が9日に乙女座へ、天秤座の火星が12日に蠍座へ、それぞれ移動します。月の上旬は前月の雰囲気に繋がっていますが、中旬に入る頃にはガラッと変わり、熱いチャレンジの雰囲気が強まるでしょう。15日、天秤座で日食が起こります。人間関係の大きな転換点です。月末には木星の近くで月食、2023年のテーマの「マイルストーン」的な出来事の気配が。

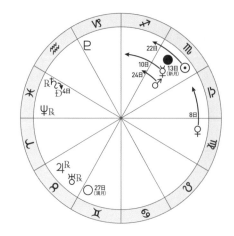

◆**リラックスして掴む、キラキラのチャンス。**

心躍るチャンスが巡ってきます。気軽にパッと手を伸ばして、ウキウキしながら掴みたいような好機がやってくる時です。得意分野で活躍できますし、仕事や対外的な活動の場で大いにほめられ、期待されるでしょう。いつもなら緊張するような場面でも、リラックスして自然な実力を発揮できそうです。

◆**仲間と、気持ちを深く分かち合える。**

引き続き、交友関係がホットな時間帯です。仲間や友達と一緒に活動する場で、個性を打ち出せる時です。先月はどちらかと言えばぶつかり気味だったかもしれませんが、今月に入ると徐々に相互理解が生まれ、精神的な結びつきが強まっていくでしょ

う。「仲直り」のようなシチュエーションで、長年にわたるお互いの本当の気持ちを吐露する、といった展開も。和やかなだけの付き合いの時にはわからなかった思いを、深く分かち合って、新たな信頼関係を結べそうです。

◈「あの人はきっとこう思っている」は誤り。

一人でぐるぐる考えていると、混乱しやすい時です。特に、現実に起こったことと自分の想像とを混同し、疑心暗鬼に陥ることも。できるだけ人と話し合うことで、想像と現実とを区別できます。人の気持ちを悪いほうに想像しすぎないで。

♥建設的な、愛の未来への取り組み。 ♥ ♥

「愛の未来」を語り合えます。パートナーと「これからはこうしていこう」「未来を見越して、こんな行動をしよう」といった相談ができそうです。愛を探している人は、計画的にアクションを起こせます。「婚活」のように、目標を設定して具体的に行動し、結果を出せる時です。建設的に。

》11月 全体の星模様 《

火星は24日まで蠍座に、金星は8日から天秤座に入ります。どちらも「自宅」の配置で、パワフルです。愛と情熱、人間関係と闘争に関して、大きな勢いが生まれるでしょう。他者との関わりが密度を増します。水星は10日から射手座に入りますが、ここでは少々浮き足立つ感じがあります。特に、コミュニケーションや交通に関して、「脱線」が生じやすいかもしれません。

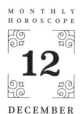

MONTHLY HOROSCOPE

12

DECEMBER

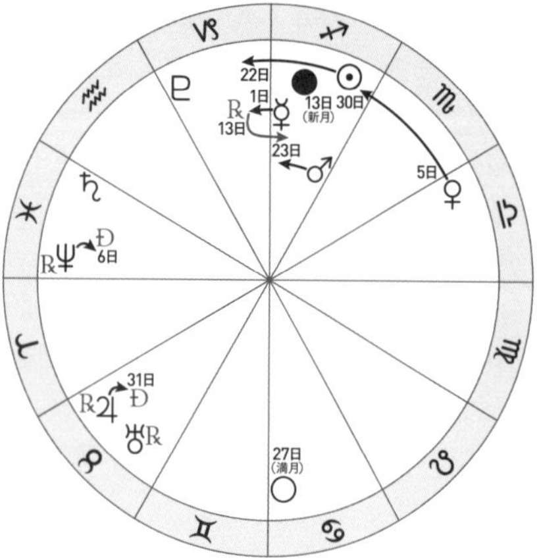

◈愛があるから、ペースを変える。

ゆっくり物事に取り組みたい時です。今は先を急いでも、あまり成果は挙がらないでしょう。立ち止まり、振り返り、時には過去に遡って、見つけるべきものがあります。遅れ気味の誰かが追いついてくるのを待ってあげる時間も大切です。誰かのために自分のペースを変え、信頼関係が生まれます。

◈「隠れた敵を倒す」と、一気に好転する。

「隠れた敵を倒す」ことができる時です。「隠れた敵」は文字通り、陰から邪魔をしてくるような「誰か」なのかもしれません。あるいは自分の中にいる「もう一人の自分」、根深いコンプレックスや認知の歪みなどが、向き合うべき「敵」なのかもしれま

せん。慢性的な問題、直さなければと思いつつ目を背けてきた欠点と、思い切って向き合う時、愛や才能にまつわる状況が一気に好転する可能性があります。

◈ 大それた夢ほど、追いかけてみたい。　★彡★彡

第三者から「大それた夢」と言われるようなことでも、今は楽観的に追いかけてみたい時です。その夢を追いかけること自体に、大きな意味と価値があります。諦めないで。

♥「みんながいる場」に、愛が見つかる。　♥

力強い愛の季節です。友達が愛の進展に協力してくれるなど、間接的な「恵み」が得られそうです。2023年後半は全体が「愛の時間」でしたが、それを後押しするような動きが随所に起こります。人の助けを借りつつ、愛に積極的に手を伸ばしたいところです。愛を探している人は、交友関係の中から愛が芽生える気配があります。友達の紹介も期待できます。みんなが集まる場に、積極的に身を置きたい時です。

≫≫ 12月 全体の星模様 ≪

火星は射手座に、金星は蠍座に、水星は山羊座に入ります。年末らしく忙しい雰囲気です。経済は沸騰気味、グローバルなテーマが注目されそうです。13日が転換点で射手座の新月、水星が逆行開始です。ここまで外へ外へと広がってきたものが、一転して内向きに展開し始める可能性も。27日、蟹座の満月は水星、木星と小三角を組み、今年1年の「まとめ」を照らし出します。

月と星で読む
山羊座 365日のカレンダー

◆ 月の巡りで読む、12種類の日。

　毎日の占いをする際、最も基本的な「時計の針」となるのが、月の動きです。「今日、月が何座にいるか」がわかれば、今日のあなたの生活の中で、どんなテーマにスポットライトが当たっているかがわかります（P.64からの「365日のカレンダー」に、毎日の月のテーマが書かれています。🌙マークは新月や満月など、◆マークは星の動きです）。

　本書では、月の位置による「その日のテーマ」を、右の表のように表しています。

　月は1ヵ月で12星座を一回りするので、一つの星座に2日半ほど滞在します。ゆえに、右の表の「○○の日」は、毎日変わるのではなく、2日半ほどで切り替わります。

　月が星座から星座へと移動するタイミングが、切り替えの時間です。この「切り替えの時間」はボイドタイムの終了時間と同じです。

1. **スタートの日**：物事が新しく始まる日。
「仕切り直し」ができる、フレッシュな雰囲気の日。

2. **お金の日**：経済面・物質面で動きが起こりそうな日。
自分の手で何かを創り出せるかも。

3. **メッセージの日**：素敵なコミュニケーションが生まれる。
外出、勉強、対話の日。待っていた返信が来る。

4. **家の日**：身近な人や家族との関わりが豊かになる。
家事や掃除など、家の中のことをしたくなるかも。

5. **愛の日**：恋愛他、愛全般に追い風が吹く日。
好きなことができる。自分の時間を作れる。

6. **メンテナンスの日**：体調を整えるために休む人も。
調整や修理、整理整頓、実務などに力がこもる。

7. **人に会う日**：文字通り「人に会う」日。
人間関係が活性化する。「提出」のような場面も。

8. **プレゼントの日**：素敵なギフトを受け取れそう。
他人のアクションにリアクションするような日。

9. **旅の日**：遠出することになるか、または、
遠くから人が訪ねてくるかも。専門的学び。

10. **達成の日**：仕事や勉強など、頑張ってきたことについて、
何らかの結果が出るような日。到達。

11. **友だちの日**：交友関係が広がる、賑やかな日。
目指している夢や目標に一歩近づけるかも。

12. **ひみつの日**：自分一人の時間を持てる日。
自分自身としっかり対話できる。

◆太陽と月と星々が巡る「ハウス」のしくみ。

　前ページの、月の動きによる日々のテーマは「ハウス」というしくみによって読み取れます。

　「ハウス」は、「世俗のハウス」とも呼ばれる、人生や生活の様々なイベントを読み取る手法です。12星座の一つ一つを「部屋」に見立て、そこに星が出入りすることで、その時間に起こる出来事の意義やなりゆきを読み取ろうとするものです。

　自分の星座が「第1ハウス」で、そこから反時計回りに12まで数字を入れてゆくと、ハウスの完成です。

第1ハウス:「自分」のハウス
第2ハウス:「生産」のハウス
第3ハウス:「コミュニケーション」のハウス
第4ハウス:「家」のハウス
第5ハウス:「愛」のハウス
第6ハウス:「任務」のハウス
第7ハウス:「他者」のハウス
第8ハウス:「ギフト」のハウス
第9ハウス:「旅」のハウス
第10ハウス:「目標と結果」のハウス
第11ハウス:「夢と友」のハウス
第12ハウス:「ひみつ」のハウス

例：山羊座の人の場合

自分の星座が
第1ハウス　　　反時計回り

たとえば、今日の月が射手座に位置していたとすると、この日は「第12ハウスに月がある」ということになります。

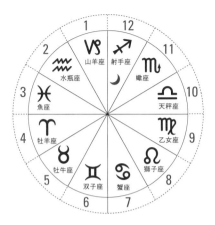

前々ページの「○○の日」の前に打ってある数字は、実はハウスを意味しています。「第12ハウスに月がある」日は、「12. ひみつの日」です。

太陽と月、水星から海王星までの惑星、そして準惑星の冥王星が、この12のハウスをそれぞれのスピードで移動していきます。「どの星がどのハウスにあるか」で、その時間のカラーやそのとき起こっていることの意味を、読み解くことができるのです。詳しくは『星読み＋ 2022〜2032年データ改訂版』（幻冬舎コミックス刊）、または『月で読むあしたの星占い』（すみれ書房刊）でどうぞ！

1 ·JANUARY·

1	日	家の日 ▶ 愛の日	[ボイド 〜02:10]
		愛の追い風が吹く。好きなことができる。	

2	月	愛の日
		愛について嬉しいことがある。子育て、趣味、創作にも追い風が。

3	火	愛の日 ▶ メンテナンスの日	[ボイド 07:17〜11:46]
		「やりたいこと」から「やるべきこと」へのシフト。	
		◆金星が「生産」のハウスへ。経済活動の活性化、上昇気流。物質的豊かさの開花。	

4	水	メンテナンスの日
		生活や心身の故障部分を修理できる。ケアしたり、されたり。

5	木	メンテナンスの日 ▶ 人に会う日	[ボイド 09:09〜23:16]
		「自分の世界」から「外界」へ出るような節目。	

6	金	人に会う日
		人に会ったり、会う約束をしたりする日。出会いの気配も。

7	土	○ 人に会う日
		人に会ったり、会う約束をしたりする日。出会いの気配も。
		☽「他者」のハウスで満月。誰かとの一対一の関係が「満ちる」。交渉の成立、契約。

8	日	人に会う日 ▶ プレゼントの日	[ボイド 07:25〜11:42]
		他者との関係に、さらに一歩踏み込めるように。	

9	月	プレゼントの日
		人から貴重なものを受け取れる。提案を受ける場面も。

10	火	プレゼントの日	[ボイド 10:54〜]
		人から貴重なものを受け取れる。提案を受ける場面も。	

11	水	プレゼントの日 ▶ 旅の日	[ボイド 〜00:17]
		遠い場所との間に、橋が架かり始める。	

12	木	旅の日
		遠出したり、遠くから人が訪ねてくれたりする日。発信力も増す。

13	金	旅の日 ▶ 達成の日	[ボイド 08:08〜11:58]
		意欲が湧く。はっきりした成果が出る時間へ。	
		◆火星が「任務」のハウスで順行へ。忙しくなっていく。生活や就労条件を再設定していける。	

14	土	達成の日
		目標に手が届く。結果が出る日。人から認められる場面も。

15	日	◑ 達成の日 ▶ 友だちの日	[ボイド 17:41〜21:10]
		肩の力が抜け、伸びやかな気持ちになれる。	

16	月	友だちの日
		未来のプランを立てる。友だちと過ごせる。チームワーク。

17 火　友だちの日 [ボイド 23:29〜]
未来のプランを立てる。友だちと過ごせる。チームワーク。

18 水　友だちの日 ▶ ひみつの日 [ボイド 〜02:35]
ざわめきから少し離れたくなる。自分の時間。
◆水星が「自分」のハウスで順行へ。不調や停滞感からの解放、始動。考えがまとまる。

19 木　ひみつの日 [ボイド 19:10〜]
一人の時間。過去を振り返り、戦略を練る。自分を大事にする。

20 金　ひみつの日 ▶ スタートの日 [ボイド 〜04:13]
新しいことを始めやすい時間に切り替わる。
◆太陽が「生産」のハウスへ。1年のサイクルの中で「物質的・経済的土台」を整備する。

21 土　スタートの日
主役の意識で動く。新しい選択肢を選べる。気持ちが切り替わる。

22 日　●スタートの日 ▶ お金の日 [ボイド 00:54〜03:30]
物質面・経済活動が活性化する時間に入る。
◗「生産」のハウスで新月。新しい経済活動をスタートさせる。新しいものを手に入れる。

23 月　お金の日 [ボイド 19:21〜]
いわゆる「金運がいい」日。実入りが良く、いい買い物もできそう。
◆天王星が「愛」のハウスで順行へ。愛の自由を追求し始める。スリルへの欲求が強まる。

24 火　お金の日 ▶ メッセージの日 [ボイド 〜02:37]
「動き」が出てくる。コミュニケーションの活性。

25 水　メッセージの日
待っていた朗報が届く。勉強が捗る。外に出たくなる日。

26 木　メッセージの日 ▶ 家の日 [ボイド 01:13〜03:50]
生活環境や身内に目が向かう。原点回帰。

27 金　家の日
「普段の生活」が充実。身内との関係強化。環境改善ができる。
◆金星が「コミュニケーション」のハウスへ。喜びある学び、対話、外出。言葉による優しさ、愛の伝達。

28 土　家の日 ▶ 愛の日 [ボイド 06:03〜08:44]
愛の追い風が吹く。好きなことができる。

29 日　◗愛の日
愛について嬉しいことがある。子育て、趣味、創作にも追い風が。

30 月　愛の日 ▶ メンテナンスの日 [ボイド 14:54〜17:36]
「やりたいこと」から「やるべきこと」へのシフト。

31 火　メンテナンスの日
生活や心身の故障部分を修理できる。ケアしたり、されたり。

2 ·FEBRUARY·

1	水	メンテナンスの日 [ボイド 21:00〜] 生活や心身の故障部分を修理できる。ケアしたり、されたり。
2	木	メンテナンスの日 ▶ 人に会う日 [ボイド 〜05:13] 「自分の世界」から「外界」へ出るような節目。
3	金	人に会う日 人に会ったり、会う約束をしたりする日。出会いの気配も。
4	土	人に会う日 ▶ プレゼントの日 [ボイド 15:21〜17:50] 他者との関係に、さらに一歩踏み込めるように。
5	日	プレゼントの日 人から貴重なものを受け取れる。提案を受ける場面も。
6	月	○プレゼントの日 [ボイド 23:17〜] 人から貴重なものを受け取れる。提案を受ける場面も。 ☽「ギフト」のハウスで満月。人から「満を持して」手渡されるものがある。他者との融合。
7	火	プレゼントの日 ▶ 旅の日 [ボイド 〜06:16] 遠い場所との間に、橋が架かり始める。
8	水	旅の日 遠出したり、遠くから人が訪ねてくれたりする日。発信力も増す。
9	木	旅の日 ▶ 達成の日 [ボイド 15:42〜17:48] 意欲が湧く。はっきりした成果が出る時間へ。
10	金	達成の日 目標に手が届く。結果が出る日。人から認められる場面も。
11	土	達成の日 目標に手が届く。結果が出る日。人から認められる場面も。 ◆水星が「生産」のハウスへ。経済活動に知性を活かす。情報収集、経営戦略。在庫整理。
12	日	達成の日 ▶ 友だちの日 [ボイド 01:43〜03:36] 肩の力が抜け、伸びやかな気持ちになれる。
13	月	友だちの日 未来のプランを立てる。友だちと過ごせる。チームワーク。
14	火	☽友だちの日 ▶ ひみつの日 [ボイド 08:54〜10:33] ざわめきから少し離れたくなる。自分の時間。
15	水	ひみつの日 一人の時間。過去を振り返り、戦略を練る。自分を大事にする。
16	木	ひみつの日 ▶ スタートの日 [ボイド 10:07〜14:01] 新しいことを始めやすい時間に切り替わる。
17	金	スタートの日 主役の意識で動く。新しい選択肢を選べる。気持ちが切り替わる。

18	土	スタートの日 ▶ お金の日	[ボイド 13:19〜14:36]

18 土 スタートの日 ▶ お金の日　　　　　　　　　　[ボイド 13:19〜14:36]
物質面・経済活動が活性化する時間に入る。

19 日 お金の日
いわゆる「金運がいい」日。実入りが良く、いい買い物もできそう。
◆太陽が「コミュニケーション」のハウスへ。1年のサイクルの中で
コミュニケーションを繋ぎ直すとき。

20 月 ●お金の日 ▶ メッセージの日　　　　　　　　[ボイド 11:02〜13:58]
「動き」が出てくる。コミュニケーションの活性。
☽「コミュニケーション」のハウスで新月。新しいコミュニケーション
が始まる。学び始める。朗報も。◆金星が「家」のハウスへ。身近な
人とのあたたかな交流。愛着。居場所を美しくする。

21 火 メッセージの日
待っていた朗報が届く。勉強が捗る。外に出たくなる日。

22 水 メッセージの日 ▶ 家の日　　　　　　　　　　[ボイド 13:07〜14:15]
生活環境や身内に目が向かう。原点回帰。

23 木 家の日
「普段の生活」が充実。身内との関係強化。環境改善ができる。

24 金 家の日 ▶ 愛の日　　　　　　　　　　　　　[ボイド 16:23〜17:31]
愛の追い風が吹く。好きなことができる。

25 土 愛の日
愛について嬉しいことがある。子育て、趣味、創作にも追い風が。

26 日 愛の日　　　　　　　　　　　　　　　　　　[ボイド 23:44〜]
愛について嬉しいことがある。子育て、趣味、創作にも追い風が。

27 月 ◑愛の日 ▶ メンテナンスの日　　　　　　　　[ボイド 〜00:49]
「やりたいこと」から「やるべきこと」へのシフト。

28 火 メンテナンスの日
生活や心身の故障部分を修理できる。ケアしたり、されたり。

3 ·MARCH·

1	水	メンテナンスの日 ▶ 人に会う日 　　　　　　　　　　　[ボイド 10:09〜11:42] 「自分の世界」から「外界」へ出るような節目。
2	木	人に会う日 人に会ったり、会う約束をしたりする日。出会いの気配も。
3	金	人に会う日 　　　　　　　　　　　　　　　　　　　　[ボイド 23:24〜] 人に会ったり、会う約束をしたりする日。出会いの気配も。 ◆水星が「コミュニケーション」のハウスへ。知的活動の活性化、コ ミュニケーションの進展。学習の好機。
4	土	人に会う日 ▶ プレゼントの日 　　　　　　　　　　　[ボイド 〜00:17] 他者との関係に、さらに一歩踏み込めるように。
5	日	プレゼントの日 人から貴重なものを受け取れる。提案を受ける場面も。
6	月	プレゼントの日 ▶ 旅の日 　　　　　　　　　　　　[ボイド 12:20〜12:40] 遠い場所との間に、橋が架かり始める。
7	火	○旅の日 遠出したり、遠くから人が訪ねてくれたりする日。発信力も増す。 ☽「旅」のハウスで満月。遠い場所への扉が「満を持して」開かれる。 遠くまで声が届く。◆土星が「コミュニケーション」のハウスへ。ここ から2年半ほど、時間をかけた知的修養のスタート。
8	水	旅の日 ▶ 達成の日 　　　　　　　　　　　　　　[ボイド 23:09〜23:46] 意欲が湧く。はっきりした成果が出る時間へ。
9	木	達成の日 目標に手が届く。結果が出る日。人から認められる場面も。
10	金	達成の日 目標に手が届く。結果が出る日。人から認められる場面も。
11	土	達成の日 ▶ 友だちの日 　　　　　　　　　　　[ボイド 08:38〜09:07] 肩の力が抜け、伸びやかな気持ちになれる。
12	日	友だちの日 未来のプランを立てる。友だちと過ごせる。チームワーク。
13	月	友だちの日 ▶ ひみつの日 　　　　　　　　　　[ボイド 16:00〜16:22] ざわめきから少し離れたくなる。自分の時間。
14	火	ひみつの日 一人の時間。過去を振り返り、戦略を練る。自分を大事にする。
15	水	◑ひみつの日 ▶ スタートの日 　　　　　　　　[ボイド 17:52〜21:07] 新しいことを始めやすい時間に切り替わる。
16	木	スタートの日 主役の意識で動く。新しい選択肢を選べる。気持ちが切り替わる。

17	金	スタートの日 ▶ お金の日　　　　　　　　　　　　　　　[ボイド 23:15〜23:27] 物質面・経済活動が活性化する時間に入る。 ◆金星が「愛」のハウスへ。華やかな愛の季節の始まり。創造的活動への強い追い風。
18	土	お金の日 いわゆる「金運がいい」日。実入りが良く、いい買い物もできそう。
19	日	お金の日　　　　　　　　　　　　　　　　　　　　　　[ボイド 19:35〜] いわゆる「金運がいい」日。実入りが良く、いい買い物もできそう。 ◆水星が「家」のハウスへ。来訪者。身近な人との対話。若々しい風が居場所に吹き込む。
20	月	お金の日 ▶ メッセージの日　　　　　　　　　　　　　　[ボイド 〜00:14] 「動き」が出てくる。コミュニケーションの活性。
21	火	メッセージの日 待っていた朗報が届く。勉強が捗る。外に出たくなる日。 ◆太陽が「家」のハウスへ。1年のサイクルの中で「居場所・家・心」を整備し直すとき。
22	水	●メッセージの日 ▶ 家の日　　　　　　　　　　　　[ボイド 01:00〜01:03] 生活環境や身内に目が向かう。原点回帰。 ◗「家」のハウスで新月。心の置き場所が新たに定まる。日常に新しい風が吹き込む。
23	木	家の日 「普段の生活」が充実。身内との関係強化。環境改善ができる。 ◆冥王星が「生産」のハウスへ。ここから2043年頃にかけ、大きな経済活動に取り組むことに。
24	金	家の日 ▶ 愛の日　　　　　　　　　　　　　　　　　[ボイド 02:15〜03:44] 愛の追い風が吹く。好きなことができる。
25	土	愛の日 愛について嬉しいことがある。子育て、趣味、創作にも追い風が。 ◆火星が「他者」のハウスへ。摩擦を怖れぬ対決。一対一の勝負。攻めの交渉。他者からの刺激。
26	日	愛の日 ▶ メンテナンスの日　　　　　　　　　　　　[ボイド 01:21〜09:43] 「やりたいこと」から「やるべきこと」へのシフト。
27	月	メンテナンスの日 生活や心身の故障部分を修理できる。ケアしたり、されたり。
28	火	メンテナンスの日 ▶ 人に会う日　　　　　　　　　　[ボイド 10:41〜19:24] 「自分の世界」から「外界」へ出るような節目。
29	水	●人に会う日 人に会ったり、会う約束をしたりする日。出会いの気配も。
30	木	人に会う日　　　　　　　　　　　　　　　　　　　　[ボイド 22:47〜] 人に会ったり、会う約束をしたりする日。出会いの気配も。
31	金	人に会う日 ▶ プレゼントの日　　　　　　　　　　　　[ボイド 〜07:33] 他者との関係に、さらに一歩踏み込めるように。

4 ·APRIL·

1 土　プレゼントの日
人から貴重なものを受け取れる。提案を受ける場面も。

2 日　プレゼントの日 ▶ 旅の日　　　　　　　　　　　[ボイド 15:05〜19:59]
遠い場所との間に、橋が架かり始める。

3 月　旅の日
遠出したり、遠くから人が訪ねてくれたりする日。発信力も増す。

4 火　旅の日　　　　　　　　　　　　　　　　　　[ボイド 22:52〜]
遠出したり、遠くから人が訪ねてくれたりする日。発信力も増す。
◆水星が「愛」のハウスへ。愛に関する学び、教育。若々しい創造性、遊び。知的創造。

5 水　旅の日 ▶ 達成の日　　　　　　　　　　　　　[ボイド 〜06:53]
意欲が湧く。はっきりした成果が出る時間へ。

6 木　○達成の日　　　　　　　　　　　　　　　　[ボイド 21:44〜]
目標に手が届く。結果が出る日。人から認められる場面も。
○「目標と結果」のハウスで満月。目標達成のとき。社会的立場が一段階上がるような節目。

7 金　達成の日 ▶ 友だちの日　　　　　　　　　　　[ボイド 〜15:31]
肩の力が抜け、伸びやかな気持ちになれる。

8 土　友だちの日
未来のプランを立てる。友だちと過ごせる。チームワーク。

9 日　友だちの日 ▶ ひみつの日　　　　　　　　　　[ボイド 18:11〜21:58]
ざわめきから少し離れたくなる。自分の時間。

10 月　ひみつの日
一人の時間。過去を振り返り、戦略を練る。自分を大事にする。

11 火　ひみつの日　　　　　　　　　　　　　　　　[ボイド 19:49〜]
一人の時間。過去を振り返り、戦略を練る。自分を大事にする。
◆金星が「任務」のハウスへ。美しい生活スタイルの実現。美のための習慣。楽しい仕事。

12 水　ひみつの日 ▶ スタートの日　　　　　　　　　[ボイド 〜02:35]
新しいことを始めやすい時間に切り替わる。

13 木　◐スタートの日　　　　　　　　　　　　　　[ボイド 23:16〜]
主役の意識で動く。新しい選択肢を選べる。気持ちが切り替わる。

14 金　スタートの日 ▶ お金の日　　　　　　　　　　[ボイド 〜05:44]
物質面・経済活動が活性化する時間に入る。

15 土　お金の日
いわゆる「金運がいい」日。実入りが良く、いい買い物もできそう。

16 日　お金の日 ▶ メッセージの日　　　　　　　　　[ボイド 00:17〜07:58]
「動き」が出てくる。コミュニケーションの活性。

17 月 メッセージの日
待っていた朗報が届く。勉強が捗る。外に出たくなる日。

18 火 メッセージの日 ▶ 家の日 [ボイド 03:59〜10:11]
生活環境や身内に目が向かう。原点回帰。

19 水 家の日
「普段の生活」が充実。身内との関係強化。環境改善ができる。

20 木 ●家の日 ▶ 愛の日 [ボイド 13:14〜13:31]
愛の追い風が吹く。好きなことができる。
☽「家」のハウスで日食。家族との関わりや居場所について、特別なことが始まるかも。◆太陽が「愛」のハウスへ。1年のサイクルの中で「愛・喜び・創造性」を再生するとき。

21 金 愛の日
愛について嬉しいことがある。子育て、趣味、創作にも追い風が。
◆水星が「愛」のハウスで逆行開始。失われた愛や喜びが「復活」するかも。創造的熟成。

22 土 愛の日 ▶ メンテナンスの日 [ボイド 12:43〜19:13]
「やりたいこと」から「やるべきこと」へのシフト。

23 日 メンテナンスの日
生活や心身の故障部分を修理できる。ケアしたり、されたり。

24 月 メンテナンスの日 [ボイド 21:17〜]
生活や心身の故障部分を修理できる。ケアしたり、されたり。

25 火 メンテナンスの日 ▶ 人に会う日 [ボイド 〜04:00]
「自分の世界」から「外界」へ出るような節目。

26 水 人に会う日
人に会ったり、会う約束をしたりする日。出会いの気配も。

27 木 人に会う日 ▶ プレゼントの日 [ボイド 08:42〜15:31]
他者との関係に、さらに一歩踏み込めるように。

28 金 ●プレゼントの日
人から貴重なものを受け取れる。提案を受ける場面も。

29 土 プレゼントの日 [ボイド 19:54〜]
人から貴重なものを受け取れる。提案を受ける場面も。

30 日 プレゼントの日 ▶ 旅の日 [ボイド 〜04:01]
遠い場所との間に、橋が架かり始める。

5 ·MAY·

1 月
旅の日
遠出したり、遠くから人が訪ねてくれたりする日。発信力も増す。

2 火
旅の日 ▶ 達成の日 　　　　　　　　　　　　[ボイド 08:54〜15:11]
意欲が湧く。はっきりした成果が出る時間へ。
◆冥王星が「生産」のハウスで逆行開始。大きな「欲」の軌道修正を試み始める。無欲への衝動。

3 水
達成の日
目標に手が届く。結果が出る日。人から認められる場面も。

4 木
達成の日 ▶ 友だちの日 　　　　　　　　　　[ボイド 18:18〜23:34]
肩の力が抜け、伸びやかな気持ちになれる。

5 金
友だちの日
未来のプランを立てる。友だちと過ごせる。チームワーク。

6 土
○友だちの日 　　　　　　　　　　　　　　　[ボイド 23:39〜]
未来のプランを立てる。友だちと過ごせる。チームワーク。
☽「夢と友」のハウスで月食。特別な形で、希望が叶えられる。「恵み」を感じるとき。

7 日
友だちの日 ▶ ひみつの日 　　　　　　　　　[ボイド 〜05:06]
ざわめきから少し離れたくなる。自分の時間。
◆金星が「他者」のハウスへ。人間関係から得られる喜び。愛あるパートナーシップ。

8 月
ひみつの日
一人の時間。過去を振り返り、戦略を練る。自分を大事にする。

9 火
ひみつの日 ▶ スタートの日 　　　　　　　　[ボイド 05:30〜08:35]
新しいことを始めやすい時間に切り替わる。

10 水
スタートの日
主役の意識で動く。新しい選択肢を選べる。気持ちが切り替わる。

11 木
スタートの日 ▶ お金の日 　　　　　　　　　[ボイド 08:54〜11:07]
物質面・経済活動が活性化する時間に入る。

12 金
●お金の日
いわゆる「金運がいい」日。実入りが良く、いい買い物もできそう。

13 土
お金の日 ▶ メッセージの日 　　　　　　　　[ボイド 12:17〜13:41]
「動き」が出てくる。コミュニケーションの活性。

14 日
メッセージの日
待っていた朗報が届く。勉強が捗る。外に出たくなる日。

15 月
メッセージの日 ▶ 家の日 　　　　　　　　　[ボイド 11:58〜16:57]
生活環境や身内に目が向かう。原点回帰。
◆水星が「愛」のハウスで順行へ。愛や創造的活動の「前進再開」。発言力が強まる。

16 火　家の日
「普段の生活」が充実。身内との関係強化。環境改善ができる。

17 水　家の日 ▶ 愛の日　[ボイド 18:11〜21:29]
愛の追い風が吹く。好きなことができる。
◆木星が「愛」のハウスへ。「愛・創造・喜び・子ども」などがここから1年のテーマに。

18 木　愛の日
愛について嬉しいことがある。子育て、趣味、創作にも追い風が。

19 金　愛の日
愛について嬉しいことがある。子育て、趣味、創作にも追い風が。

20 土　●愛の日 ▶ メンテナンスの日　[ボイド 02:52〜03:49]
「やりたいこと」から「やるべきこと」へのシフト。
☽「愛」のハウスで新月。愛が「生まれる」ようなタイミング。大切なものと結びつく。

21 日　メンテナンスの日
生活や心身の故障部分を修理できる。ケアしたり、されたり。
◆火星が「ギフト」のハウスへ。誘惑と情熱の呼応。生命の融合。精神的支配。配当。負債の解消。◆太陽が「任務」のハウスへ。1年のサイクルの中で「健康・任務・日常」を再構築するとき。

22 月　メンテナンスの日 ▶ 人に会う日　[ボイド 07:13〜12:30]
「自分の世界」から「外界」へ出るような節目。

23 火　人に会う日
人に会ったり、会う約束をしたりする日。出会いの気配も。

24 水　人に会う日 ▶ プレゼントの日　[ボイド 18:14〜23:36]
他者との関係に、さらに一歩踏み込めるように。

25 木　プレゼントの日
人から貴重なものを受け取れる。提案を受ける場面も。

26 金　プレゼントの日　[ボイド 15:40〜]
人から貴重なものを受け取れる。提案を受ける場面も。

27 土　プレゼントの日 ▶ 旅の日　[ボイド 〜12:07]
遠い場所との間に、橋が架かり始める。

28 日　●旅の日
遠出したり、遠くから人が訪ねてくれたりする日。発信力も増す。

29 月　旅の日 ▶ 達成の日　[ボイド 18:47〜23:52]
意欲が湧く。はっきりした成果が出る時間へ。

30 火　達成の日
目標に手が届く。結果が出る日。人から認められる場面も。

31 水　達成の日　[ボイド 23:55〜]
目標に手が届く。結果が出る日。人から認められる場面も。

6 ·JUNE·

1 木 達成の日 ▶ 友だちの日 　　　　　　　　　　　　　　　　［ボイド ～08:47］
肩の力が抜け、伸びやかな気持ちになれる。

2 金 友だちの日
未来のプランを立てる。友だちと過ごせる。チームワーク。

3 土 友だちの日 ▶ ひみつの日 　　　　　　　　　　　　　　　　［ボイド 09:53～14:05］
ざわめきから少し離れたくなる。自分の時間。

4 日 ○ひみつの日
一人の時間。過去を振り返り、戦略を練る。自分を大事にする。
🌙「ひみつ」のハウスで満月。時間をかけて治療してきた傷が癒える。
自他を赦し赦される。

5 月 ひみつの日 ▶ スタートの日 　　　　　　　　　　　　　　　［ボイド 12:25～16:33］
新しいことを始めやすい時間に切り替わる。
◆金星が「ギフト」のハウスへ。欲望の解放と調整、他者への要求、
他者からの要求。甘え。

6 火 スタートの日
主役の意識で動く。新しい選択肢を選べる。気持ちが切り替わる。

7 水 スタートの日 ▶ お金の日 　　　　　　　　　　　　　　　　［ボイド 13:41～17:43］
物質面・経済活動が活性化する時間に入る。

8 木 お金の日
いわゆる「金運がいい」日。実入りが良く、いい買い物もできそう。

9 金 お金の日 ▶ メッセージの日 　　　　　　　　　　　　　　　［ボイド 13:25～19:16］
「動き」が出てくる。コミュニケーションの活性。

10 土 メッセージの日
待っていた朗報が届く。勉強が捗る。外に出たくなる日。

11 日 ◑メッセージの日 ▶ 家の日 　　　　　　　　　　　　　　　［ボイド 22:22～22:22］
生活環境や身内に目が向かう。原点回帰。
◆逆行中の冥王星が「自分」のハウスへ。2008年頃からの長い自
己変革のプロセスを振り返る時間に。◆水星が「任務」のハウスへ。
日常生活の整理、整備。健康チェック。心身の調律。

12 月 家の日
「普段の生活」が充実。身内との関係強化。環境改善ができる。

13 火 家の日
「普段の生活」が充実。身内との関係強化。環境改善ができる。

14 水 家の日 ▶ 愛の日 　　　　　　　　　　　　　　　　　　　［ボイド 03:28～03:33］
愛の追い風が吹く。好きなことができる。

15 木 愛の日
愛について嬉しいことがある。子育て、趣味、創作にも追い風が。

16 金 愛の日 ▶ メンテナンスの日 　　　　　　　　　　　　　　　［ボイド 10:38～10:47］
「やりたいこと」から「やるべきこと」へのシフト。

17 土 メンテナンスの日
生活や心身の故障部分を修理できる。ケアしたり、されたり。

18 日 ●メンテナンスの日 ▶ 人に会う日　　　　　　　[ボイド 15:26〜19:59]
「自分の世界」から「外界」へ出るような節目。
◆土星が「コミュニケーション」のハウスで逆行開始。答えを保留したまま対話や学習を続けていく。◗「任務」のハウスで新月。新しい生活習慣、新しい任務がスタートするとき。体調の調整。

19 月 人に会う日
人に会ったり、会う約束をしたりする日。出会いの気配も。

20 火 人に会う日
人に会ったり、会う約束をしたりする日。出会いの気配も。

21 水 人に会う日 ▶ プレゼントの日　　　　　　　[ボイド 06:45〜07:06]
他者との関係に、さらに一歩踏み込めるように。
◆太陽が「他者」のハウスへ。1年のサイクルの中で人間関係を「結び直す」とき。

22 木 プレゼントの日
人から貴重なものを受け取れる。提案を受ける場面も。

23 金 プレゼントの日 ▶ 旅の日　　　　　　　　　[ボイド 02:02〜19:37]
遠い場所との間に、橋が架かり始める。

24 土 旅の日
遠出したり、遠くから人が訪ねてくれたりする日。発信力も増す。

25 日 旅の日
遠出したり、遠くから人が訪ねてくれたりする日。発信力も増す。

26 月 ◐旅の日 ▶ 達成の日　　　　　　　　　　[ボイド 07:26〜07:59]
意欲が湧く。はっきりした成果が出る時間へ。

27 火 達成の日
目標に手が届く。結果が出る日。人から認められる場面も。
◆水星が「他者」のハウスへ。正面から向き合う対話。調整のための交渉。若い人との出会い。

28 水 達成の日 ▶ 友だちの日　　　　　　　　　[ボイド 17:20〜17:57]
肩の力が抜け、伸びやかな気持ちになれる。

29 木 友だちの日
未来のプランを立てる。友だちと過ごせる。チームワーク。

30 金 友だちの日　　　　　　　　　　　　　　[ボイド 23:22〜]
未来のプランを立てる。友だちと過ごせる。チームワーク。

7 ·JULY·

1 土
友だちの日 ▶ ひみつの日　　　　　　　　　　　[ボイド ～00:01]
ざわめきから少し離れたくなる。自分の時間。
◆海王星が「コミュニケーション」のハウスで逆行開始。自分から自分宛に発するメッセージが増え始める。

2 日
ひみつの日　　　　　　　　　　　　　　　　　[ボイド 22:35～]
一人の時間。過去を振り返り、戦略を練る。自分を大事にする。

3 月
○ひみつの日 ▶ スタートの日　　　　　　　　　[ボイド ～02:22]
新しいことを始めやすい時間に切り替わる。
🌙「自分」のハウスで満月。現在の自分を受け入れられる。誰かに受け入れてもらえる。

4 火
スタートの日
主役の意識で動く。新しい選択肢を選べる。気持ちが切り替わる。

5 水
スタートの日 ▶ お金の日　　　　　　　　　[ボイド 01:47～02:32]
物質面・経済活動が活性化する時間に入る。

6 木
お金の日　　　　　　　　　　　　　　　　　[ボイド 22:43～]
いわゆる「金運がいい」日。実入りが良く、いい買い物もできそう。

7 金
お金の日 ▶ メッセージの日　　　　　　　　　[ボイド ～02:34]
「動き」が出てくる。コミュニケーションの活性。

8 土
メッセージの日
待っていた朗報が届く。勉強が捗る。外に出たくなる日。

9 日
メッセージの日 ▶ 家の日　　　　　　　　　[ボイド 03:24～04:21]
生活環境や身内に目が向かう。原点回帰。

10 月
🌑家の日
「普段の生活」が充実。身内との関係強化。環境改善ができる。
◆火星が「旅」のハウスへ。ここから「遠征」「挑戦の旅」に出発する人も。学びへの情熱。

11 火
家の日 ▶ 愛の日　　　　　　　　　　　　　[ボイド 08:13～08:57]
愛の追い風が吹く。好きなことができる。
◆水星が「ギフト」のハウスへ。利害のマネジメント。コンサルテーション。カウンセリング。

12 水
愛の日
愛について嬉しいことがある。子育て、趣味、創作にも追い風が。

13 木
愛の日 ▶ メンテナンスの日　　　　　　　　[ボイド 15:12～16:28]
「やりたいこと」から「やるべきこと」へのシフト。

14 金
メンテナンスの日
生活や心身の故障部分を修理できる。ケアしたり、されたり。

15 土
メンテナンスの日　　　　　　　　　　　　　[ボイド 21:37～]
生活や心身の故障部分を修理できる。ケアしたり、されたり。

16	日	メンテナンスの日 ▶ 人に会う日 [ボイド ～02:15] 「自分の世界」から「外界」へ出るような節目。
17	月	人に会う日 人に会ったり、会う約束をしたりする日。出会いの気配も。
18	火	● 人に会う日 ▶ プレゼントの日 [ボイド 12:08～13:41] 他者との関係に、さらに一歩踏み込めるように。 ☽「他者」のハウスで新月。出会いのとき。誰かとの関係が刷新。未来への約束を交わす。
19	水	プレゼントの日 人から貴重なものを受け取れる。提案を受ける場面も。
20	木	プレゼントの日 [ボイド 23:10～] 人から貴重なものを受け取れる。提案を受ける場面も。
21	金	プレゼントの日 ▶ 旅の日 [ボイド ～02:14] 遠い場所との間に、橋が架かり始める。
22	土	旅の日 遠出したり、遠くから人が訪ねてくれたりする日。発信力も増す。
23	日	旅の日 ▶ 達成の日 [ボイド 13:08～14:56] 意欲が湧く。はっきりした成果が出る時間へ。 ◆金星が「ギフト」のハウスで逆行開始。他者からの要望に関する認識が改まる。依存への疑問。◆太陽が「ギフト」のハウスへ。1年のサイクルの中で経済的授受のバランスを見直すとき。
24	月	達成の日 目標に手が届く。結果が出る日。人から認められる場面も。
25	火	達成の日 目標に手が届く。結果が出る日。人から認められる場面も。
26	水	◖達成の日 ▶ 友だちの日 [ボイド 00:07～01:57] 肩の力が抜け、伸びやかな気持ちになれる。
27	木	友だちの日 未来のプランを立てる。友だちと過ごせる。チームワーク。
28	金	友だちの日 ▶ ひみつの日 [ボイド 07:38～09:26] ざわめきから少し離れたくなる。自分の時間。
29	土	ひみつの日 一人の時間。過去を振り返り、戦略を練る。自分を大事にする。 ◆水星が「旅」のハウスへ。軽やかな旅立ち。勉強や研究に追い風が。導き手に恵まれる。
30	日	ひみつの日 ▶ スタートの日 [ボイド 08:53～12:46] 新しいことを始めやすい時間に切り替わる。
31	月	スタートの日 主役の意識で動く。新しい選択肢を選べる。気持ちが切り替わる。

8 ・AUGUST・

1	火	スタートの日 ▶ お金の日	[ボイド 11:14〜12:59]

物質面・経済活動が活性化する時間に入る。

2	水	○お金の日

いわゆる「金運がいい」日。実入りが良く、いい買い物もできそう。
☽「生産」のハウスで満月。経済的・物質的な努力が実り、収穫が
得られる。豊かさ、満足。

3	木	お金の日 ▶ メッセージの日	[ボイド 06:17〜12:07]

「動き」が出てくる。コミュニケーションの活性。

4	金	メッセージの日

待っていた朗報が届く。勉強が捗る。外に出たくなる日。

5	土	メッセージの日 ▶ 家の日	[ボイド 10:22〜12:21]

生活環境や身内に目が向かう。原点回帰。

6	日	家の日

「普段の生活」が充実。身内との関係強化。環境改善ができる。

7	月	家の日 ▶ 愛の日	[ボイド 13:14〜15:26]

愛の追い風が吹く。好きなことができる。

8	火	☽愛の日

愛について嬉しいことがある。子育て、趣味、創作にも追い風が。

9	水	愛の日 ▶ メンテナンスの日	[ボイド 19:40〜22:07]

「やりたいこと」から「やるべきこと」へのシフト。

10	木	メンテナンスの日

生活や心身の故障部分を修理できる。ケアしたり、されたり。

11	金	メンテナンスの日

生活や心身の故障部分を修理できる。ケアしたり、されたり。

12	土	メンテナンスの日 ▶ 人に会う日	[ボイド 02:29〜07:54]

「自分の世界」から「外界」へ出るような節目。

13	日	人に会う日

人に会ったり、会う約束をしたりする日。出会いの気配も。

14	月	人に会う日 ▶ プレゼントの日	[ボイド 16:48〜19:38]

他者との関係に、さらに一歩踏み込めるように。

15	火	プレゼントの日

人から貴重なものを受け取れる。提案を受ける場面も。

16	水	●プレゼントの日	[ボイド 18:40〜]

人から貴重なものを受け取れる。提案を受ける場面も。
☽「ギフト」のハウスで新月。心の扉を開く。誰かに導かれての経験。
ギフトから始めること。

17	木	プレゼントの日 ▶ 旅の日	[ボイド 〜08:16]

遠い場所との間に、橋が架かり始める。

18 金	旅の日 遠出したり、遠くから人が訪ねてくれたりする日。発信力も増す。
19 土	旅の日 ▶ 達成の日　　　　　　　　　　　　　　　　[ボイド 17:52〜20:55] 意欲が湧く。はっきりした成果が出る時間へ。
20 日	達成の日 目標に手が届く。結果が出る日。人から認められる場面も。
21 月	達成の日 目標に手が届く。結果が出る日。人から認められる場面も。
22 火	達成の日 ▶ 友だちの日　　　　　　　　　　　　　　[ボイド 05:33〜08:24] 肩の力が抜け、伸びやかな気持ちになれる。
23 水	友だちの日 未来のプランを立てる。友だちと過ごせる。チームワーク。 ◆太陽が「旅」のハウスへ。1年のサイクルの中で「精神的成長」を確認するとき。
24 木	●友だちの日 ▶ ひみつの日　　　　　　　　　　　　[ボイド 14:12〜17:09] ざわめきから少し離れたくなる。自分の時間。 ◆水星が「旅」のハウスで逆行開始。後戻りする旅、再訪。再研究、再発見。迷路。
25 金	ひみつの日 一人の時間。過去を振り返り、戦略を練る。自分を大事にする。
26 土	ひみつの日 ▶ スタートの日　　　　　　　　　　　　[ボイド 20:58〜22:07] 新しいことを始めやすい時間に切り替わる。
27 日	スタートの日 主役の意識で動く。新しい選択肢を選べる。気持ちが切り替わる。 ◆火星が「目標と結果」のハウスへ。キャリアや社会的立場における「勝負」の季節へ。挑戦の時間。
28 月	スタートの日 ▶ お金の日　　　　　　　　　　　　　[ボイド 20:51〜23:33] 物質面・経済活動が活性化する時間に入る。
29 火	お金の日 いわゆる「金運がいい」日。実入りが良く、いい買い物もできそう。 ◆天王星が「愛」のハウスで逆行開始。愛が「自分を縛るもの」なのかどうかを問い直す。
30 水	お金の日 ▶ メッセージの日　　　　　　　　　　　　[ボイド 12:06〜22:58] 「動き」が出てくる。コミュニケーションの活性。
31 木	○メッセージの日 待っていた朗報が届く。勉強が捗る。外に出たくなる日。 ☽「コミュニケーション」のハウスで満月。重ねてきた勉強や対話が実を結ぶとき。意思疎通が叶う。

9 • SEPTEMBER •

1	金	メッセージの日 ▶ 家の日	[ボイド 19:37〜22:26]

生活環境や身内に目が向かう。原点回帰。

| **2** | 土 | 家の日 | |

「普段の生活」が充実。身内との関係強化。環境改善ができる。

| **3** | 日 | 家の日 | [ボイド 20:58〜] |

「普段の生活」が充実。身内との関係強化。環境改善ができる。

| **4** | 月 | 家の日 ▶ 愛の日 | [ボイド 〜00:01] |

愛の追い風が吹く。好きなことができる。
◆金星が「ギフト」のハウスで順行へ。人からの提案に込められた
好意を理解できるようになる。◆木星が「愛」のハウスで逆行開始。
愛の成長が「熟成期間」に入る。じっくり愛に向き合うとき。

| **5** | 火 | 愛の日 | |

愛について嬉しいことがある。子育て、趣味、創作にも追い風が。

| **6** | 水 | 愛の日 ▶ メンテナンスの日 | [ボイド 01:48〜05:08] |

「やりたいこと」から「やるべきこと」へのシフト。

| **7** | 木 | ◗ メンテナンスの日 | |

生活や心身の故障部分を修理できる。ケアしたり、されたり。

| **8** | 金 | メンテナンスの日 ▶ 人に会う日 | [ボイド 07:23〜14:01] |

「自分の世界」から「外界」へ出るような節目。

| **9** | 土 | 人に会う日 | |

人に会ったり、会う約束をしたりする日。出会いの気配も。

| **10** | 日 | 人に会う日 | [ボイド 21:49〜] |

人に会ったり、会う約束をしたりする日。出会いの気配も。

| **11** | 月 | 人に会う日 ▶ プレゼントの日 | [ボイド 〜01:38] |

他者との関係に、さらに一歩踏み込めるように。

| **12** | 火 | プレゼントの日 | |

人から貴重なものを受け取れる。提案を受ける場面も。

| **13** | 水 | プレゼントの日 ▶ 旅の日 | [ボイド 00:07〜14:20] |

遠い場所との間に、橋が架かり始める。

| **14** | 木 | 旅の日 | |

遠出したり、遠から人が訪ねてくれたりする日。発信力も増す。

| **15** | 金 | ● 旅の日 | [ボイド 22:51〜] |

遠出したり、遠から人が訪ねてくれたりする日。発信力も増す。
☽「旅」のハウスで新月。旅に出発する。専門分野を開拓し始める。
矢文を放つ。

| **16** | 土 | 旅の日 ▶ 達成の日 | [ボイド 〜02:46] |

意欲が湧く。はっきりした成果が出る時間へ。
◆水星が「旅」のハウスで順行へ。旅程の混乱や情報の錯綜が正
常化する。目的地が見える。

17	日	達成の日
		目標に手が届く。結果が出る日。人から認められる場面も。

18	月	達成の日 ▶ 友だちの日 [ボイド 10:08〜14:00]
		肩の力が抜け、伸びやかな気持ちになれる。

19	火	友だちの日
		未来のプランを立てる。友だちと過ごせる。チームワーク。

20	水	友だちの日 ▶ ひみつの日 [ボイド 19:23〜23:08]
		ざわめきから少し離れたくなる。自分の時間。

21	木	ひみつの日
		一人の時間。過去を振り返り、戦略を練る。自分を大事にする。

22	金	ひみつの日
		一人の時間。過去を振り返り、戦略を練る。自分を大事にする。

23	土	◑ ひみつの日 ▶ スタートの日 [ボイド 04:33〜05:22]
		新しいことを始めやすい時間に切り替わる。 ◆太陽が「目標と結果」のハウスへ。1年のサイクルの中で「目標と達成」を確認するとき。

24	日	スタートの日
		主役の意識で動く。新しい選択肢を選べる。気持ちが切り替わる。

25	月	スタートの日 ▶ お金の日 [ボイド 05:07〜08:31]
		物質面・経済活動が活性化する時間に入る。

26	火	お金の日 [ボイド 21:40〜]
		いわゆる「金運がいい」日。実入りが良く、いい買い物もできそう。

27	水	お金の日 ▶ メッセージの日 [ボイド 〜09:20]
		「動き」が出てくる。コミュニケーションの活性。

28	木	メッセージの日
		待っていた朗報が届く。勉強が捗る。外に出たくなる日。

29	金	○ メッセージの日 ▶ 家の日 [ボイド 05:59〜09:19]
		生活環境や身内に目が向かう。原点回帰。 ☽「家」のハウスで満月。居場所が「定まる」。身近な人との間で「心満ちる」とき。

30	土	家の日
		「普段の生活」が充実。身内との関係強化。環境改善ができる。

10 ·OCTOBER·

1 日
家の日 ▶ 愛の日 　　　　　　　　　　　　　　　　　［ボイド 06:51〜10:20］
愛の追い風が吹く。好きなことができる。

2 月
愛の日
愛について嬉しいことがある。子育て、趣味、創作にも追い風が。

3 火
愛の日 ▶ メンテナンスの日 　　　　　　　　　　　　　　　［ボイド 10:21〜14:05］
「やりたいこと」から「やるべきこと」へのシフト。

4 水
メンテナンスの日
生活や心身の故障部分を修理できる。ケアしたり、されたり。

5 木
メンテナンスの日 ▶ 人に会う日 　　　　　　　　　　　　　［ボイド 15:36〜21:33］
「自分の世界」から「外界」へ出るような節目。
◆水星が「目標と結果」のハウスへ。ここから忙しくなる。新しい課題、ミッション、使命。

6 金
◑人に会う日
人に会ったり、会う約束をしたりする日。出会いの気配も。

7 土
人に会う日
人に会ったり、会う約束をしたりする日。出会いの気配も。

8 日
人に会う日 ▶ プレゼントの日 　　　　　　　　　　　　　　［ボイド 04:13〜08:26］
他者との関係に、さらに一歩踏み込めるように。

9 月
プレゼントの日
人から貴重なものを受け取れる。提案を受ける場面も。
◆金星が「旅」のハウスへ。楽しい旅の始まり、旅の仲間。研究の果実。距離を越える愛。

10 火
プレゼントの日 ▶ 旅の日 　　　　　　　　　　　　　　　　［ボイド 18:38〜21:03］
遠い場所との間に、橋が架かり始める。

11 水
旅の日
遠出したり、遠くから人が訪ねてくれたりする日。発信力も増す。
◆冥王星が「自分」のハウスで順行へ。鉱脈を再発見し、黄金を掘りだしつつ掘り進む。

12 木
旅の日
遠出したり、遠くから人が訪ねてくれたりする日。発信力も増す。
◆火星が「夢と友」のハウスへ。交友関係やチームワークに「熱」がこもる。夢を叶える勝負。

13 金
旅の日 ▶ 達成の日 　　　　　　　　　　　　　　　　　　　［ボイド 05:12〜09:24］
意欲が湧く。はっきりした成果が出る時間へ。

14 土
達成の日
目標に手が届く。結果が出る日。人から認められる場面も。

15 日
●達成の日 ▶ 友だちの日 　　　　　　　　　　　　　　　　［ボイド 16:03〜20:06］
肩の力が抜け、伸びやかな気持ちになれる。
☽「目標と結果」のハウスで日食。ロングスパンで見て重要なミッションがスタートする。

16	月	友だちの日
		未来のプランを立てる。友だちと過ごせる。チームワーク。

17	火	友だちの日
		未来のプランを立てる。友だちと過ごせる。チームワーク。

18 水 友だちの日 ▶ ひみつの日　　　　　　　　　　　　　　[ボイド 00:45～04:38]
ざわめきから少し離れたくなる。自分の時間。

19 木 ひみつの日
一人の時間。過去を振り返り、戦略を練る。自分を大事にする。

20 金 ひみつの日 ▶ スタートの日　　　　　　　　　　　　　[ボイド 04:04～10:56]
新しいことを始めやすい時間に切り替わる。

21 土 スタートの日
主役の意識で動く。新しい選択肢を選べる。気持ちが切り替わる。

22 日 ◑ スタートの日 ▶ お金の日　　　　　　　　　　　　　[ボイド 15:02～15:08]
物質面・経済活動が活性化する時間に入る。
◆水星が「夢と友」のハウスへ。仲間に恵まれる爽やかな季節。友と夢を語れる。新しい計画。

23 月 お金の日
いわゆる「金運がいい」日。実入りが良く、いい買い物もできそう。

24 火 お金の日 ▶ メッセージの日　　　　　　　　　　　　　[ボイド 04:06～17:35]
「動き」が出てくる。コミュニケーションの活性。
◆太陽が「夢と友」のハウスへ。1年のサイクルの中で「友」「未来」に目を向ける季節へ。

25 水 メッセージの日
待っていた朗報が届く。勉強が捗る。外に出たくなる日。

26 木 メッセージの日 ▶ 家の日　　　　　　　　　　　　　　[ボイド 15:41～19:03]
生活環境や身内に目が向かう。原点回帰。

27 金 家の日
「普段の生活」が充実。身内との関係強化。環境改善ができる。

28 土 家の日 ▶ 愛の日　　　　　　　　　　　　　　　　　[ボイド 17:21～20:46]
愛の追い風が吹く。好きなことができる。

29 日 ○ 愛の日
愛について嬉しいことがある。子育て、趣味、創作にも追い風が。
☽「愛」のハウスで月食。愛が特別な形で「満ちる」節目。愛のマイルストーン。

30 月 愛の日　　　　　　　　　　　　　　　　　　　　　[ボイド 20:37～]
愛について嬉しいことがある。子育て、趣味、創作にも追い風が。

31 火 愛の日 ▶ メンテナンスの日　　　　　　　　　　　　　[ボイド ～00:09]
「やりたいこと」から「やるべきこと」へのシフト。

11 ・NOVEMBER・

1 水	メンテナンスの日	[ボイド 21:38〜]
	生活や心身の故障部分を修理できる。ケアしたり、されたり。	
2 木	メンテナンスの日 ▶ 人に会う日	[ボイド 〜06:32]
	「自分の世界」から「外界」へ出るような節目。	
3 金	人に会う日	
	人に会ったり、会う約束をしたりする日。出会いの気配も。	
4 土	人に会う日 ▶ プレゼントの日	[ボイド 12:29〜16:23]
	他者との関係に、さらに一歩踏み込めるように。	
	◆土星が「コミュニケーション」のハウスで順行へ。対話や学習の努力が、意思疎通や理解に繋がる。	
5 日	◗ プレゼントの日	
	人から貴重なものを受け取れる。提案を受ける場面も。	
6 月	プレゼントの日	[ボイド 16:27〜]
	人から貴重なものを受け取れる。提案を受ける場面も。	
7 火	プレゼントの日 ▶ 旅の日	[ボイド 〜04:41]
	遠い場所との間に、橋が架かり始める。	
8 水	旅の日	
	遠出したり、遠くから人が訪ねてくれたりする日。発信力も増す。	
	◆金星が「目標と結果」のハウスへ。目標達成と勲章。気軽に掴めるチャンス。嬉しい配役。	
9 木	旅の日 ▶ 達成の日	[ボイド 13:57〜17:10]
	意欲が湧く。はっきりした成果が出る時間へ。	
10 金	達成の日	
	目標に手が届く。結果が出る日。人から認められる場面も。	
	◆水星が「ひみつ」のハウスへ。思考が深まる。思索、瞑想、誰かのための勉強。記録の精査。	
11 土	達成の日	
	目標に手が届く。結果が出る日。人から認められる場面も。	
12 日	達成の日 ▶ 友だちの日	[ボイド 00:07〜03:41]
	肩の力が抜け、伸びやかな気持ちになれる。	
13 月	● 友だちの日	
	未来のプランを立てる。友だちと過ごせる。チームワーク。	
	☽「夢と友」のハウスで新月。新しい仲間や友に出会えるとき。夢が生まれる。迷いが晴れる。	
14 火	友だちの日 ▶ ひみつの日	[ボイド 08:05〜11:25]
	ざわめきから少し離れたくなる。自分の時間。	
15 水	ひみつの日	
	一人の時間。過去を振り返り、戦略を練る。自分を大事にする。	

16 木 ひみつの日 ▶ スタートの日 　　　　　　　　　　　　　[ボイド 07:59〜16:43]
新しいことを始めやすい時間に切り替わる。

17 金 スタートの日
主役の意識で動く。新しい選択肢を選べる。気持ちが切り替わる。

18 土 スタートの日 ▶ お金の日 　　　　　　　　　　　　　[ボイド 17:29〜20:29]
物質面・経済活動が活性化する時間に入る。

19 日 お金の日
いわゆる「金運がいい」日。実入りが良く、いい買い物もできそう。

20 月 ●お金の日 ▶ メッセージの日 　　　　　　　　　　　[ボイド 19:52〜23:31]
「動き」が出てくる。コミュニケーションの活性。

21 火 メッセージの日
待っていた朗報が届く。勉強が捗る。外に出たくなる日。

22 水 メッセージの日
待っていた朗報が届く。勉強が捗る。外に出たくなる日。
◆太陽が「ひみつ」のハウスへ。新しい1年を目前にしての、振り返りと準備の時期。

23 木 メッセージの日 ▶ 家の日 　　　　　　　　　　　　　[ボイド 00:11〜02:21]
生活環境や身内に目が向かう。原点回帰。

24 金 家の日
「普段の生活」が充実。身内との関係強化。環境改善ができる。
◆火星が「ひみつ」のハウスへ。内なる敵と闘って克服できる時間。自分の真の強さを知る。

25 土 家の日 ▶ 愛の日 　　　　　　　　　　　　　　　　[ボイド 02:42〜05:30]
愛の追い風が吹く。好きなことができる。

26 日 愛の日
愛について嬉しいことがある。子育て、趣味、創作にも追い風が。

27 月 ○愛の日 ▶ メンテナンスの日 　　　　　　　　　　　[ボイド 06:53〜09:42]
「やりたいこと」から「やるべきこと」へのシフト。
☽「任務」のハウスで満月。日々の努力や蓄積が「実る」。自他の体調のケアに留意。

28 火 メンテナンスの日
生活や心身の故障部分を修理できる。ケアしたり、されたり。

29 水 メンテナンスの日 ▶ 人に会う日 　　　　　　　　　　[ボイド 10:05〜15:55]
「自分の世界」から「外界」へ出るような節目。

30 木 人に会う日
人に会ったり、会う約束をしたりする日。出会いの気配も。

12 • DECEMBER •

1 金
人に会う日　　　　　　　　　　　　　　　　　　　[ボイド 22:08〜]
人に会ったり、会う約束をしたりする日。出会いの気配も。
◆水星が「自分」のハウスへ。知的活動が活性化。若々しい気持ち、行動力。発言力の強化。

2 土
人に会う日 ▶ プレゼントの日　　　　　　　　　　　[ボイド 〜01:02]
他者との関係に、さらに一歩踏み込めるように。

3 日
プレゼントの日
人から貴重なものを受け取れる。提案を受ける場面も。

4 月
プレゼントの日 ▶ 旅の日　　　　　　　　　　　　[ボイド 11:13〜12:52]
遠い場所との間に、橋が架かり始める。

5 火
◗旅の日
遠出したり、遠くから人が訪ねてくれたりする日。発信力も増す。
◆金星が「夢と友」のハウスへ。友や仲間との交流が華やかに。「恵み」を受け取れる。

6 水
旅の日　　　　　　　　　　　　　　　　　　　　　[ボイド 22:52〜]
遠出したり、遠くから人が訪ねてくれたりする日。発信力も増す。
◆海王星が「コミュニケーション」のハウスで順行へ。精神的なコミュニケーションの再開。理解力の刷新。

7 木
旅の日 ▶ 達成の日　　　　　　　　　　　　　　　[ボイド 〜01:36]
意欲が湧く。はっきりした成果が出る時間へ。

8 金
達成の日
目標に手が届く。結果が出る日。人から認められる場面も。

9 土
達成の日 ▶ 友だちの日　　　　　　　　　　　　[ボイド 10:07〜12:36]
肩の力が抜け、伸びやかな気持ちになれる。

10 日
友だちの日
未来のプランを立てる。友だちと過ごせる。チームワーク。

11 月
友だちの日 ▶ ひみつの日　　　　　　　　　　　[ボイド 17:59〜20:13]
ざわめきから少し離れたくなる。自分の時間。

12 火
ひみつの日
一人の時間。過去を振り返り、戦略を練る。自分を大事にする。

13 水
●ひみつの日　　　　　　　　　　　　　　　　　[ボイド 15:50〜]
一人の時間。過去を振り返り、戦略を練る。自分を大事にする。
☽「ひみつ」のハウスで新月。密かな迷いから解放される。自他を救うための行動を起こす。◆水星が「自分」のハウスで逆行開始。立ち止まって「自分」を理解し直す時間へ。

14 木
ひみつの日 ▶ スタートの日　　　　　　　　　　　[ボイド 〜00:33]
新しいことを始めやすい時間に切り替わる。

15 金
スタートの日
主役の意識で動く。新しい選択肢を選べる。気持ちが切り替わる。

16 土   スタートの日 ▶ お金の日   [ボイド 01:05～02:58]
物質面・経済活動が活性化する時間に入る。

17 日   お金の日   [ボイド 21:05～]
いわゆる「金運がいい」日。実入りが良く、いい買い物もできそう。

18 月   お金の日 ▶ メッセージの日   [ボイド ～05:00]
「動き」が出てくる。コミュニケーションの活性。

19 火   メッセージの日
待っていた朗報が届く。勉強が捗る。外に出たくなる日。

20 水   ◐メッセージの日 ▶ 家の日   [ボイド 06:05～07:48]
生活環境や身内に目が向かう。原点回帰。

21 木   家の日
「普段の生活」が充実。身内との関係強化。環境改善ができる。

22 金   家の日 ▶ 愛の日   [ボイド 11:49～11:52]
愛の追い風が吹く。好きなことができる。
◆太陽が「自分」のハウスへ。お誕生月の始まり、新しい1年への「扉」を開くとき。

23 土   愛の日
愛について嬉しいことがある。子育て、趣味、創作にも追い風が。
◆逆行中の水星が「ひみつ」のハウスへ。大事なことを思い出せる時間の到来。心の回復期。

24 日   愛の日 ▶ メンテナンスの日   [ボイド 15:41～17:16]
「やりたいこと」から「やるべきこと」へのシフト。

25 月   メンテナンスの日
生活や心身の故障部分を修理できる。ケアしたり、されたり。

26 火   メンテナンスの日   [ボイド 16:57～]
生活や心身の故障部分を修理できる。ケアしたり、されたり。

27 水   ○メンテナンスの日 ▶ 人に会う日   [ボイド ～00:17]
「自分の世界」から「外界」へ出るような節目。
●「他者」のハウスで満月。誰かとの一対一の関係が「満ちる」。交渉の成立、契約。

28 木   人に会う日
人に会ったり、会う約束をしたりする日。出会いの気配も。

29 金   人に会う日 ▶ プレゼントの日   [ボイド 07:59～09:25]
他者との関係に、さらに一歩踏み込めるように。

30 土   プレゼントの日
人から貴重なものを受け取れる。提案を受ける場面も。
◆金星が「ひみつ」のハウスへ。これ以降、純粋な愛情から行動できる。一人の時間の充実も。

31 日   プレゼントの日 ▶ 旅の日   [ボイド 14:20～20:55]
遠い場所との間に、橋が架かり始める。
◆木星が「愛」のハウスで順行へ。愛がまっすぐ成長の軌道に戻る。愛への信頼回復。

参考　カレンダー解説の文字・線の色

あなたの星座にとって星の動きがどんな意味を
持つか、わかりやすくカレンダーに書き込んで
みたのが、P.89からの「カレンダー解説」です。
色分けは厳密なものではありませんが、だいた
い以下のようなイメージで分けられています。

—— **赤色**
インパクトの強い出来事、意欲や情熱、
パワーが必要な場面。

—— **水色**
ビジネスや勉強、コミュニケーションなど、
知的な活動に関すること。

—— **紺色**
重要なこと、長期的に大きな意味のある変化。
精神的な変化、健康や心のケアに関すること。

—— **緑色**
居場所、家族に関すること。

—— **ピンク色**
愛や人間関係に関すること。嬉しいこと。

—— **オレンジ色**
経済活動、お金に関すること。

山羊座 2023年の
カレンダー解説

● 解説の文字・線の色のイメージは P.88 をご参照下さい ●

1 ·JANUARY·

mon	tue	wed	thu	fri	sat	sun
						1
2	3	4	5	6	⑦	8
9	10	11	12	13	14	15
16	17	18	19	20	21	22
23	24	25	26	27	28	29
30	31					

2022/12/10–1/3　愛に溢れる、とても楽しい季節。魅力がキラキラ光る。

1/3–1/27　経済活動に明るい兆しが。3月の「トンネル脱出」に向け、ラストスパート。

1/7　人間関係が大きく進展する。「他人」が「身内」に変わるような、ドラマティックな変化も。

1/18–2/11　去年の終わりからの停滞感や混乱から、ここで抜け出せる。テンポが良くなる。

2 ·FEBRUARY·

mon	tue	wed	thu	fri	sat	sun
		1	2	3	4	5
6	7	8	9	10	11	12
13	14	15	16	17	18	19
20	21	22	23	24	25	26
27	28					

2/20–3/17　家族や身近な人との関係がとてもあたたかくなる。守るべきものの大切さを実感できる。

3 ·MARCH·

mon	tue	wed	thu	fri	sat	sun
			1	2	3	4	5
6	(7)	8	9	10	11	12
13	14	15	16	17	18	19
20	21	22	(23)	24	(25)	26
27	28	29	30	31		

3/7 ここから2年半ほどかけて、じっくり学べるテーマがある。ここまでに学んだことを卒業して、新たな学びへと「入学」する人も。

3/17-4/11 愛の季節。意外な愛のドラマの進展も。クリエイティブな活動には、大チャンスが巡ってくる。

3/23 2008年頃からの大変容の時間が収束に向かう。終わりの始まり。混乱の中を生きてきた人も、そろそろ一つの安定軌道に入るのを感じられるはず。

3/25-5/21 人間関係において「一対一の対決」が起こるかも。刺激的な人に出会える。タフな交渉に臨む人も。

4 ·APRIL·

mon	tue	wed	thu	fri	sat	sun
					1	2
3	4	5	(6)	7	8	9
10	11	12	13	14	15	16
17	18	19	(20)	21	22	23
24	25	26	27	28	29	30

4/6 目標に到達する。社会的立場が一段階上がる。

4/20 居場所や家族に関することで、意外な変化が起こる気配が。突然、「いつもの風景」がガラッと変わるかも。

5 ·MAY·

mon	tue	wed	thu	fri	sat	sun
1	2	3	4	5	6	7
8	9	10	11	12	13	14
15	16	17	18	19	20	21
22	23	24	25	26	27	28
29	30	31				

5/6·7　誰かとの間に、深い連帯感が生まれる。強い結びつき、心情的なつながり。

5/7–6/5　パートナーシップに愛が溢れる。3月末からの「対決」モードから一転して、愛と平和の季節へ。

5/17–2024/5/26　約12年に一度の「愛と創造の季節」へ。特に今回は、意外な進展、意外な縁の気配が強い。愛にも、クリエイティブな活動にも、前向きな進展が起こる。ドラマの季節へ。

6 ·JUNE·

mon	tue	wed	thu	fri	sat	sun
			1	2	3	4
5	6	7	8	9	10	11
12	13	14	15	16	17	18
19	20	21	22	23	24	25
26	27	28	29	30		

6/5–7/10　経済活動に大きな進展が。他者から様々なリソースの提供を受けられる。素敵なオファーの気配。

7 · JULY ·

mon	tue	wed	thu	fri	sat	sun
					1	2
③	4	5	6	7	8	9
10	11	12	13	14	15	16
17	⑱	19	20	21	22	23
24	25	26	27	28	29	30
31						

7/3　頑張ってきたことが認められるかも。一皮むける転機。これまでに起こったことを新しい形で捉え直せる。

7/18　公私ともに、特別な出会いの気配。突然意気投合するようなドラマも。

7/29–8/27　過去と未来が交じり合うような旅ができるかも。懐かしい場所への再訪が未知の世界への入り口となるような展開も。新しいことを学ぶために、すでに知っていることを復習したり、恩師に会いに行ったりする人も。

8 · AUGUST ·

mon	tue	wed	thu	fri	sat	sun
	1	2	3	4	5	6
7	8	9	10	11	12	13
14	15	16	17	18	19	20
21	22	23	24	25	26	㉗
28	29	30	31			

8/27–10/12　熱い多忙期。少々苦手なことにも果敢にチャレンジしたい時。「トライしてみたら好きになる」ような展開も。

9 ·SEPTEMBER·

mon	tue	wed	thu	fri	sat	sun
				1	2	3
4	5	6	7	8	9	10
11	12	13	14	⑮	⑯	17
18	19	20	21	22	23	24
25	26	27	28	㉙	30	

9/15・16　遠くから朗報が届くかも。突然風通しが良くなる。爽やかな問題解決ができる。

9/29　公私にわたって自分自身の「立ち位置」を見直せる時。身近な人に向ける顔、外に向ける顔を自覚できる。

10/12–11/24　人間関係が熱く盛り上がる。愛のやりとりも活性化する。人に囲まれ、揉まれ、心を温めてもらえる時。未来に向かう意欲が新たになる。自分自身の意志で選び取る未来。

10 ·OCTOBER·

mon	tue	wed	thu	fri	sat	sun
						1
2	3	4	5	6	7	8
9	10	11	12	13	14	⑮
16	17	18	19	20	21	22
23	24	25	26	27	28	㉙
30	31					

10/15　新しいミッションがスタートする。意外なチャンスが突然巡ってくる気配。普段から「好きでやっていること」が、「化ける」かも。

10/29　「愛が満ちる」時。意外な形で愛が急展開しそう。突然の愛の成就。クリエイティブな活動にも、非常に意外な進展が起こるかも。

11 ・NOVEMBER・

mon	tue	wed	thu	fri	sat	sun
		1	2	3	④	5
6	7	8	9	10	11	12
13	14	15	16	17	18	19
20	21	22	23	24	25	26
27	28	29	30			

11/4　6月半ばから停滞感があったなら、このあたりから前進に転じる。心身の調子が上向きになる人も。気持ちがスッキリしそう。

11/8–12/5　キラキラのチャンスが巡ってくる。自分にぴったりのポジションに立ち、のびのびと活躍できそう。ほめられる機会が増える。

12 ・DECEMBER・

mon	tue	wed	thu	fri	sat	sun
				1	2	3
4	5	6	7	8	9	10
11	12	13	14	15	16	17
18	19	20	21	22	23	24
25	26	㉗	28	29	30	31

12/1–12/23　立ち止まってじっくり考える時間を持てる。年明けにまたがって、腰を据えて取り組むべきテーマが出てきそう。

12/27　誰かとの関係が「成就」するようなタイミング。大事な約束、契約を交わす人も。

2023年のプチ占い（天秤座〜魚座）

天秤座（9/24-10/23生まれ）

「出会いの時間」が5月まで続く。公私ともに素敵な出会い・関わりに恵まれる。パートナーを得る人も。6月から10月上旬は交友関係に愛が満ちる。視野が広がり、より大きな場に立つことになる年。

蠍座（10/24-11/22生まれ）

特別な「縁」が結ばれる年。不思議な経緯、意外な展開で、公私ともに新しい関わりが増えていく。6月から10月上旬、キラキラのチャンスが巡ってきそう。嬉しい役割を得て、楽しく活躍できる年。

射手座（11/23-12/21生まれ）

年の前半は「愛と創造の時間」の中にある。誰かとの真剣勝負に挑んでいる人も。年の半ばを境に、「役割を作る」時間に入る。新たな任務を得ることになりそう。心身の調子が上向く。楽しい冒険旅行も。

山羊座（12/22-1/20生まれ）

「居場所を作る」時間が5月まで続く。新たな住処を得る人、家族を得る人も。5月以降は「愛と創造の時間」へ。自分自身を解放するような、大きな喜びを味わえそう。経済的にも上昇気流が生じる。

水瓶座（1/21-2/19生まれ）

2020年頃からのプレッシャーから解放される。孤独感が和らぎ、日々を楽しむ余裕を持てる。5月以降は素晴らしい愛と創造の時間へ。人を愛することの喜び、何かを生み出すことの喜びに満ちる。

魚座（2/20-3/20生まれ）

強い意志をもって行動できる年。時間をかけてやり遂げたいこと、大きなテーマに出会う。経済的に強い追い風が吹く。年の半ば以降、素晴らしいコミュニケーションが生まれる。自由な学びの年。

（※牡羊座〜乙女座はP30）

星のサイクル
冥王星

✳ 冥王星のサイクル

　2023年3月、冥王星が山羊座から水瓶座へと移動を開始します。この後も逆行・順行を繰り返しながら進むため、完全に移動が完了するのは2024年ですが、この3月から既に「水瓶座冥王星時代」に第一歩を踏み出すことになります。冥王星が山羊座入りしたのは2008年、それ以来の時間が、新しい時間へと移り変わってゆくのです。冥王星は根源的な変容、破壊と再生、隠された富、深い欲望などを象徴する星です。2008年はリーマン・ショックで世界が震撼した年でしたが、2023年から2024年もまた、時代の節目となるような象徴的な出来事が起こるのかもしれません。この星が星座から星座へと移動する時、私たちの人生にはどんな変化が感じられるでしょうか。次のページでは冥王星のサイクルを年表で表現し、続くページで各時代があなたの星座にとってどんな意味を持つか、少し詳しく説明しました。そしてさらに肝心の、2023年からの「水瓶座冥王星時代」があなたにとってどんな時間になるか、考えてみたいと思います。

冥王星のサイクル年表 （詳しくは次のページへ）

時　期	山羊座のあなたにとってのテーマ
1912年 - 1939年	他者との出会いにより、人生が変わる
1937年 - 1958年	他者の人生と自分の人生の結節点・融合点
1956年 - 1972年	「外部」への出口を探し当てる
1971年 - 1984年	人生全体を賭けられる目標を探す
1983年 - 1995年	友情、社会的生活の再発見
1995年 - 2008年	内面化された規範意識との対決
2008年 - 2024年	キャラクターの再構築
2023年 - 2044年	経済力、価値観、欲望の根本的再生
2043年 - 2068年	コミュニケーションの「迷路」を抜けてゆく
2066年 - 2097年	精神の最深部への下降、子供だった自分との再会
2095年 - 2129年	愛や創造的活動を通して、「もう一人の自分」に出会う
2127年 - 2159年	「生活」の根源的ニーズを発見する

※時期について／冥王星は順行・逆行を繰り返すため、星座の境界線を何度か往復してから移動を完了する。上記の表で、開始時は最初の移動のタイミング、終了時は移動完了のタイミング。

◈ 1912-1939年　他者との出会いにより、人生が変わる

一対一の人間関係において、火山の噴火のような出来事が起こる時です。人間の内側に秘められたエネルギーが他者との関わりをきっかけとして噴出し、お互いにそれをぶつけ合うような状況が生じることも。その結果、人間として見違えるような変容を遂げることになります。人生を変える出会いの時間です。

◈ 1937-1958年　他者の人生と自分の人生の結節点・融合点

誰の人生も、自分だけの中に閉じた形で完結していません。他者の人生となんらかの形で融け合い、混じり合い、深く影響を与え合っています。時には境目が曖昧になり、ほとんど一体化することもあります。この時期はそうした「他者の人生との連結・融合」という、特別なプロセスが展開します。

◈ 1956-1972年　「外部」への出口を探し当てる

「人間はどこから来て、どこに行くのだろう」「宇宙の果てには、何があるのだろう」「死んだ後は、どうなるのだろう」。たとえばそんな問いを、誰もが一度くらいは考えたことがあるはずです。この時期はそうした問いに、深く突っ込んでいくことになります。宗教や哲学などを通して、人生が変わる時です。

◈ 1971-1984年　人生全体を賭けられる目標を探す

人生において最も大きな山を登る時間です。この社会において自分が持てる最大の力とはどんなものかを、徹底的に追求することになります。社会的成功への野心に、強烈に突き動かされます。「これこそが人生の成功だ」と信じられるイメージが、この時期の体験を通して根本的に変わります。

◈ **1983 - 1995年　友情、社会的生活の再発見**

友達や仲間との関わり、「他者」の集団に身を置くことで自分を変えたい、という強い欲求が生まれます。自分を変えてくれるものこそはこれから出会う新たな友人である、というイメージが心を支配します。この広い世界と自分とをどのように結びつけ、居場所を得るかという大問題に立ち向かえる時です。

◈ **1995 - 2008年　内面化された規範意識との対決**

自分の中で否定してきたこと、隠蔽してきたこと、背を向けてきたことの全てが、生活の水面上に浮かび上がる時です。たとえば何かが非常に気になったり、あるものを毛嫌いしたりする時、そこには自分の「内なるもの」がありありと映し出されています。精神の解放への扉を、そこに見いだせます。

◈ **2008 - 2024年　キャラクターの再構築**

「自分はこういう人間だ」「自分のキャラクターはこれだ」というイメージが根源的に変容する時期です。まず、自分でもコントロールできないような大きな衝動に突き動かされ、「自分らしくないこと」の方向に向かい、その結果、過去の自分のイメージが消え去って、新たなセルフイメージが芽生えます。

◈ **2023 - 2044年　経済力、価値観、欲望の根本的再生**

乗り物もない遠方で、突然自分の手では運べないほどの宝物を贈られたら、どうすればいいでしょうか。たとえばそんな課題から変容のプロセスがスタートします。強烈な欲望の体験、膨大な富との接触、その他様々な「所有・獲得」の激しい体験を通して、欲望や価値観自体が根源的に変化する時です。

◆2043-2068年 コミュニケーションの「迷路」を抜けてゆく

これまで疑問を感じなかったことに、いちいち「?」が浮かぶようになります。「そういうものなのだ」と思い込んでいたことへの疑念が生活の随所に浮上します。そこから思考が深まり、言葉が深みを増し、コミュニケーションが迷路に入り込みます。この迷路を抜けたところに、知的変容が完成します。

◆2066-2097年 精神の最深部への下降、子供だった自分との再会

不意に子供の頃の思い出と感情がよみがえり、その思いに飲み込まれるような状態になりやすい時です。心の階段を一段一段降りてゆき、より深い精神的世界へと触れることになります。この体験を通して、現代の家庭生活や人間関係、日常の風景が大きく変化します。「心」が根源的変容を遂げる時です。

◆2095-2129年 愛や創造的活動を通して、「もう一人の自分」に出会う

圧倒的な愛情が生活全体を飲み込む時です。恋愛、子供への愛、そのほかの存在への愛が、一時的に人生の「すべて」となることもあります。この没入、陶酔、のめり込みの体験を通して、人生が大きく変化します。個人としての感情を狂おしいほど生きられる時間です。創造的な活動を通して財を築く人も。

◆2127-2159年 「生活」の根源的ニーズを発見する

物理的な「身体」、身体の一部としての精神状態、現実的な「暮らし」が、根源的な変容のプロセスに入る時です。常識や社会のルール、責任や義務などへの眼差しが変化します。たとえば過酷な勤務とそこからの離脱を通して、「人生で最も大事にすべきもの」がわかる、といった経験をする人も。

〜2023年からのあなたの「冥王星時代」〜
経済力、価値観、欲望の根本的再生

　2008年頃から今に至るまで、冥王星はあなたの星座に滞在していました。冥王星は「破壊と再生」の星と言われます。過去15年ほどの中であなたもまた、自分の人生の一部のような何かを自らの意志で「破壊」し、そこから新しい人生や自己を「再生」してきたのではないでしょうか。2008年頃の自分と今の自分を比べてみると、非常に大きな違いがあるだろうと思います。「自分はこういう人間だ」というセルフイメージ、キャラクターが根本的に変わったはずですし、おそらくあの頃よりもずっと自由になり、「本来の自分」を生きる解放感を味わえているはずです。

　冥王星は前述の通り「破壊と再生」の星ですが、一方で「莫大な財、地下の黄金」を象徴するとも言われます。2023年からこの星があなたにとって「お金、獲得、所有」の場所に入るのですが、これは文字通り「経済力が非常に大きくなる」と読むことができます。扱うお金のケタが増えたり、経済力が飛躍的に向上したりする時期と言えます。巨大な富を手に入れる人もい

れば、望んだものを全て手に入れて、その後全てを失い、またゼロから生活を起ち上げる、といったプロセスを辿る人もいます。たとえば「お金を稼ぐこと」に執着しすぎたあまり、ワーカホリックからの体調不良でかえって休養を余儀なくされる、などのことが起こりやすいのです。こうした過剰な体験を通して、経済的な価値観を「再生」することができます。真に必要なものは何なのか、自分の経済力の本質はどんなものなのかが、わかってくるのです。またこの時期は、摂食障害や買い物依存、ギャンブル依存など、食や身体的な欲求、経済活動にまつわる障害が起こる場合もあります。ただ、もしこうした問題が起こっても、冥王星が行き過ぎる頃にはトンネルを抜け出せます。かつてよりたくさんのお金や物を手にしているのに、なぜか「足りない、もっと欲しい」という思いが強まって、より大きな苦しみを抱える人もいます。お金やものに関して、強迫的な欲望や非合理的な不足感、不安感が強まった時は、カウンセリングなど専門家の手を借りることも一案です。こうした問題は、別の精神的問題の「表出」であることが少なくないからです。

12星座プロフィール

山羊座のプロフィール

実現の星座

I use.

「キャラクター」

◆「野心家」と「臆病さ」の二面性

　山羊座の人の心には、誇り高さと燃えるような野心が備わっています。生まれながらに「社会」を視野に捉えているのです。社会には強者と弱者がいて、理想と現実、建て前と本音とがあります。山羊座の人々は社会のこうした「差」を見通し、社会の中で傷つけ踏みつけられることのないよう、大きな力を手に入れたいと願うのです。もとい、「願う」では弱いかもしれません。山羊座の人々はごく自然に、幼い頃から社会的な力を身につけることを「決意」します。熱い野心を燃やし、しっかりとこの世の階段を上っていくのです。

　山羊座の人々の「野心」は、人を従えたいとか、過剰な富を手に入れて贅沢をしたいといったものではありません。そうではなく、まず社会というものの「怖さ」を見抜いていて、その「怖さ」から自分や大切な人を確実に守りたいという思いから生まれた「野心」です。

　山羊座の人々は非常に勇敢な挑戦者ですが、心の奥に臆

病さを抱えた策略家でもあります。手強い敵に立ち向かう勇者の心には、勇気と同じくらい、否、それ以上の恐怖心が宿っているものです。だからこそ、彼らは手に入れるべきものを手に入れることができます。雲や星を欲しがるような空疎な夢を追うことも、身動きが取れないほど重く堅い鎧を身につけることも、しないでいられるのです。

◆ 努力の意味

　山羊座の人はしばしば「努力家」と言われます。ですが、この評に違和感を抱く山羊座の人は少なくありません。山羊座の人々は「努力」自体が好きなのではなく、目標を掲げてそれを達成することこそが好きなのです。もし、努力しないで成功できる薬があれば、山羊座の人々は間違いなくそれを口にするでしょう。努力は手段に過ぎません。「無駄な努力」は、たとえ「努力」であっても、山羊座の人の軽蔑するところです。最短距離でできるだけ楽にゴールに辿り着くのが、山羊座の使命なのです。

◆ 時間の魔法

　山羊座の人々が無駄な努力よりも最短距離を、精神論より合理性を追求するのは、「時間の大切さ」を誰よりも知っているからかもしれません。山羊座は「時間」の星座です。

時間がどんなに大きな力を持つか、山羊座の人は熟知しているのです。たとえば、長い歴史に鍛えられた芸術の素晴らしさや、時間を経て培われた文化の深さは、山羊座の世界のものです。時間を経なければでき上がらないものがある一方で、人一人の人生ははかなく、ごく短いものと言わねばなりません。山羊座の人は、時間を大切にし、時間に敬意を払っているからこそ、合理的に時間を使おうとするのだろうと思います。

◆ 華やかさと優雅さ

　「合理的に時間を使う」ということは、単に「仕事や作業を効率的に行う」ということだけを意味しません。山羊座の人は、仕事や任務と同じくらい、人生を豊かに楽しむことを重視します。音楽会やお芝居に出かけ、映画を観て、展覧会を回り、自らも演じ奏でる時間を持つことは、山羊座の人の人生の、もう一つの目的と言えます。「真面目で几帳面」という山羊座評は、楽しむことを知らない朴念仁を連想させますが、それは決して現実に合っていません。山羊座は「牧神パン」と結びつけられることがありますが、享楽的で真の喜びを知るパンの世界は、山羊座の人生にも色濃く刻まれているのです。ゆえに、お祭りやパーティーを好む人も少なくありません。

美しい衣装を好むことも、古くからの山羊座の特徴です。山羊座は冬の星座であり、布は冬に最も必要とされるから、と注釈されていますが、山羊座の人が求めるのは、実用性だけではありません。原色のファッションや人の目を引く大きなモチーフを自然に着こなすセンスは、山羊座独特のものと言えるでしょう。

◖ 支配星・神話 ◗

◆ 土星と、ウェスタ

　山羊座を支配するのは、時間と冷却の星・土星です。世の中で最も強大な、リアルな力を司る星です。守護神は「竈の女神」ウェスタ、ギリシャ神話のヘスティアです。人々の命と生活を守るあたたかな「聖なる竈」は、あくまで冷たくかたい石やレンガで作られます。山羊座の仕組みそのものです。

◆ 山羊座の神話

　ギリシャ神話での最高位の神はゼウスですが、その地位を得るまでには様々な戦いがありました。怪物テュポーンとの戦いでは、ゼウスは手足の「腱（骨と筋肉をつなぐ部分。アキレス腱もそのひとつ）」を、テュポーンに奪い取られてしまいました。

このとき、ゼウスの「腱」を取り戻したのが、ゼウスの息子パンでした。テュポーンのもとにこっそり忍び込み、すばやく「腱」を奪い取ると、すぐさま逃げ出したのです。逃げ出すとき、パンは「上半身がヤギ、下半身が魚」というおかしな姿に変身しており、ゼウスはパンをこの姿のまま天に上げて、星座にしました。あらゆる手段を用いて困難に挑み、確かに成果を挙げる。山羊座のテーマがまさに、このお話に刻み込まれています。また、ちょっとおかしな格好をしているのも面白いところです。山羊座の人の「派手好み」が、そこにチラリと映し出されているようです。

山羊座の才能

　古きを学んで新しいことにチャレンジする勇気を備えています。伝統を未来に活かすことに、本気で取り組める人です。積極的行動力に恵まれ、結果を出すことに強い責任感を持ち、常に前進を諦めません。「より高い場所に立つことを目指す」ことにおいて、山羊座の右に出る星座はありません。「世の中」に自分を位置づけて生きる人です。他者に対する影響力が非常に強く、あなたに憧れている人はたくさんいるでしょう。人を説得すること、率いることにかけては、抜群の才能を持っています。多趣味な人が多く、その趣味の才能を人脈や仕事などに活かすことも上手です。

牡羊座 はじまりの星座 　　　　　　　　　I am.

素敵なところ

裏表がなく純粋で、自他を比較しません。明るく前向きで、正義感が強く、諍（いさか）いのあともさっぱりしています。欲しいものを欲しいと言える勇気、自己主張する勇気、誤りを認める勇気の持ち主です。

キーワード

勢い／勝負／果断／負けず嫌い／せっかち／能動的／スポーツ／ヒーロー・ヒロイン／華やかさ／アウトドア／草原／野生／丘陵／動物愛／議論好き／肯定的／帽子・頭部を飾るもの／スピード／赤

 牡牛座 五感の星座 　　　　　　　　　　I have.

素敵なところ

感情が安定していて、態度に一貫性があります。知識や経験をたゆまずゆっくり、たくさん身につけます。穏やかでも不思議な存在感があり、周囲の人を安心させます。美意識が際立っています。

キーワード

感覚／色彩／快さ／リズム／マイペース／芸術／暢気（のんき）／贅沢／コレクション／一貫性／素直さと頑固さ／価値あるもの／美声・歌／料理／庭造り／変化を嫌う／積み重ね／エレガント／レモン色／白

 双子座 知と言葉の星座 　　　　　　　I think.

素敵なところ

イマジネーション能力が高く、言葉と物語を愛するユニークな人々です。フットワークが良く、センサーが敏感で、いくつになっても若々しく見えます。場の空気・状況を変える力を持っています。

キーワード

言葉／コミュニケーション／取引・ビジネス／相対性／比較／関連づけ／物語／比喩／移動／旅／ジャーナリズム／靴／天使・翼／小鳥／桜色／桃色／空色／文庫本／文房具／手紙

蟹座 感情の星座 I feel.

素敵なところ

心優しく、共感力が強く、人の世話をするときに手間を惜しみません。行動力に富み、人にあまり相談せずに大胆なアクションを起こすことがありますが、「聞けばちゃんと応えてくれる」人々です。

キーワード

感情／変化／月／守護・保護／日常生活／行動力／共感／安心／繰り返すこと／拒否／生活力／フルーツ／アーモンド／巣穴／胸部、乳房／乳白色／銀色／真珠

 獅子座 意思の星座 I will.

素敵なところ

太陽のように肯定的で、安定感があります。深い自信を持っており、側にいる人を安心させることができます。人を顔（うなず）かせる力、一目置かせる力、パワー感を持っています。内面には非常に繊細な部分も。

キーワード

強さ／クールさ／肯定的／安定感／ゴールド／背中／自己表現／演技／芸術／暖炉／広場／人の集まる賑やかな場所／劇場・舞台／お城／愛／子供／緋色／パープル／緑

 乙女座 分析の星座 I analyze.

素敵なところ

一見クールに見えるのですが、とても優しく世話好きな人々です。他者に対する観察眼が鋭く、シャープな批評を口にしますが、その相手の変化や成長を心から喜べる、「教育者」の顔を持っています。

キーワード

感受性の鋭さ／「気が利く」人／世話好き／働き者／デザイン／コンサバティブ／胃腸／神経質／分析／調合／変化／回復の早さ／迷いやすさ／研究家／清潔／ブルーブラック／空色／桃色

天秤座　関わりの星座　　I balance.

素敵なところ

高い知性に恵まれると同時に、人に対する深い愛を抱いています。視野が広く、客観性を重視し、細やかな気遣いができます。内側には熱い情熱を秘めていて、個性的なこだわりや競争心が強い面も。

キーワード

人間関係／客観視／合理性／比較対象／美／吟味／審美眼／評価／選択／平和／交渉／結婚／諍い（いさか）／調停／パートナーシップ／契約／洗練／豪奢／黒／芥子色（からし）／深紅色／水色／薄い緑色／ベージュ

 ## 蠍座　情熱の星座　　I desire.

素敵なところ

意志が強く、感情に一貫性があり、愛情深い人々です。一度愛したものはずっと長く愛し続けることができます。信頼に足る、芯の強さを持つ人です。粘り強く努力し、不可能を可能に変えます。

キーワード

融け合う心／継承／遺伝／魅力／支配／提供／共有／非常に古い記憶／放出／流動／隠されたもの／湖沼／果樹園／庭／葡萄酒／琥珀／茶色／濃い赤／カギつきの箱／ギフト

 ## 射手座　冒険の星座　　I understand.

素敵なところ

冒険心に富む、オープンマインドの人々です。自他に対してごく肯定的で、恐れを知らぬ勇気と明るさで周囲を照らし出します。自分の信じるものに向かってまっすぐに生きる強さを持っています。

キーワード

冒険／挑戦／賭け／負けず嫌い／馬や牛など大きな動物／遠い外国／語学／宗教／理想／哲学／おおらかさ／自由／普遍性／スピードの出る乗り物／船／黄色／緑色／ターコイズブルー／グレー

山羊座　実現の星座

I use.

素敵なところ

夢を現実に変えることのできる人々です。自分個人の世界だけに収まる小さな夢ではなく、世の中を変えるような、大きな夢を叶えることができる力を持っています。優しく力強く、芸術的な人です。

キーワード

城を築く／行動力／実現／責任感／守備／権力／支配者／組織／芸術／伝統／骨董品／彫刻／寺院／華やかな色彩／ゴージャス／大きな楽器／黒／焦げ茶色／薄い茜色／深緑

水瓶座　思考と自由の星座

I know.

素敵なところ

自分の頭でゼロから考えようとする、澄んだ思考の持ち主です。友情に篤く、損得抜きで人と関わろうとする、静かな情熱を秘めています。ユニークなアイデアを実行に移すときは無二の輝きを放ちます。

キーワード

自由／友情／公平・平等／時代の流れ／流行／メカニズム／合理性／ユニセックス／神秘的／宇宙／飛行機／通信技術／電気／メタリック／スカイブルー／チェック、ストライプ

魚座　透明な心の星座

I believe.

素敵なところ

人と人とを分ける境界線を、自由自在に越えていく不思議な力の持ち主です。人の心にするりと入り込み、相手を支え慰めることができます。場や世界を包み込むような大きな心を持っています。

キーワード

変容／変身／愛／海／救済／犠牲／崇高／聖なるもの／無制限／変幻自在／天衣無縫／幻想／瞑想／蠱惑／エキゾチック／ミステリアス／シースルー／黎明／白／ターコイズブルー／マリンブルー

用語解説

星の逆行

　星占いで用いる星々のうち、太陽と月以外の惑星と冥王星は、しばしば「逆行」します。これは、星が実際に軌道を逆走するのではなく、あくまで「地球からそう見える」ということです。

　たとえば同じ方向に向かう特急電車が普通電車を追い抜くとき、相手が後退しているように見えます。「星の逆行」は、この現象に似ています。地球も他の惑星と同様、太陽のまわりをぐるぐる回っています。ゆえに一方がもう一方を追い抜くとき、あるいは太陽の向こう側に回ったときに、相手が「逆走している」ように見えるのです。

　星占いの世界では、星が逆行するとき、その星の担うテーマにおいて停滞や混乱、イレギュラーなことが起こる、と解釈されることが一般的です。ただし、この「イレギュラー」は「不運・望ましくない展開」なのかというと、そうではありません。

　私たちは自分なりの推測や想像に基づいて未来の計画を立て、無意識に期待し、「次に起こること」を待ち受けます。その「待ち受けている」場所に思い通りのボールが飛んでこなかったとき、苛立ちや焦り、不安などを感じます。でも、そのこと自体が「悪いこと」かというと、決してそうではないはずです。なぜなら、人間の推測や想像には、限界があるか

らです。推測通りにならないことと、「不運」はまったく別の
ことです。

　星の逆行時は、私たちの推測や計画と、実際に巡ってくる
未来とが「噛み合いにくい」ときと言えます。ゆえに、現実
に起こる出来事全体が、言わば「ガイド役・導き手」となり
ます。目の前に起こる出来事に導いてもらうような形で先に
進み、いつしか、自分の想像力では辿り着けなかった場所に
「つれていってもらえる」わけです。

　水星の逆行は年に三度ほど、一回につき3週間程度で起こ
ります。金星は約1年半ごと、火星は2年に一度ほど、他の
星は毎年太陽の反対側に回る数ヵ月、それぞれ逆行します。

　たとえば水星逆行時は、以下のようなことが言われます。

◆失せ物が出てくる／この時期なくしたものはあとで出てくる
◆ 旧友と再会できる
◆ 交通、コミュニケーションが混乱する
◆ 予定の変更、物事の停滞、遅延、やり直しが発生する

　これらは「悪いこと」ではなく、無意識に通り過ぎてしま
った場所に忘れ物を取りに行くような、あるいは、トンネル
を通って山の向こうへ出るような動きです。掛け違えたボタ
ンを外してはめ直すようなことができる時間なのです。

ボイドタイム─月のボイド・オブ・コース

　ボイドタイムとは、正式には「月のボイド・オブ・コース」となります。実は、月以外の星にもボイドはあるのですが、月のボイドタイムは3日に一度という頻度で巡ってくるので、最も親しみやすい（？）時間と言えます。ボイドタイムの定義は「その星が今いる星座を出るまで、他の星とアスペクト（特別な角度）を結ばない時間帯」です。詳しくは占星術の教科書などをあたってみて下さい。

　月のボイドタイムには、一般に、以下のようなことが言われています。

　◆ 予定していたことが起こらない／想定外のことが起こる

　◆ ボイドタイムに着手したことは無効になる

　◆ 期待通りの結果にならない

　◆ ここでの心配事はあまり意味がない

　◆ 取り越し苦労をしやすい

　◆ 衝動買いをしやすい

　◆ この時間に占いをしても、無効になる。意味がない

　ボイドをとても嫌う人も少なくないのですが、これらをよく見ると、「悪いことが起こる」時間ではなく、「あまりいろいろ気にしなくてもいい時間」と思えないでしょうか。

とはいえ、たとえば大事な手術や面接、会議などがこの時間帯に重なっていると「予定を変更したほうがいいかな？」という気持になる人もいると思います。

　この件では、占い手によっても様々に意見が分かれます。その人の人生観や世界観によって、解釈が変わり得る要素だと思います。

　以下は私の意見なのですが、大事な予定があって、そこにボイドや逆行が重なっていても、私自身はまったく気にしません。

　では、ボイドタイムは何の役に立つのでしょうか。一番役に立つのは「ボイドの終わる時間」です。ボイド終了時間は、星が星座から星座へ、ハウスからハウスへ移動する瞬間です。つまり、ここから新しい時間が始まるのです。

　たとえば、何かうまくいかないことがあったなら、「365日のカレンダー」を見て、ボイドタイムを確認します。もしボイドだったら、ボイド終了後に、物事が好転するかもしれません。待っているものが来るかもしれません。辛い待ち時間や気持ちの落ち込んだ時間は、決して「永遠」ではないのです。

月齢について

　本書では月の位置している星座から、自分にとっての「ハウス」を読み取り、毎日の「月のテーマ」を紹介しています。ですが月にはもう一つの「時計」としての機能があります。それは、「満ち欠け」です。

　月は1ヵ月弱のサイクルで満ち欠けを繰り返します。夕方に月がふと目に入るのは、新月から満月へと月が膨らんでいく時間です。満月から新月へと月が欠けていく時間は、月が夜遅くから明け方でないと姿を現さなくなります。

　夕方に月が見える・膨らんでいく時間は「明るい月の時間」で、物事も発展的に成長・拡大していくと考えられています。一方、月がなかなか出てこない・欠けていく時間は「暗い月の時間」で、物事が縮小・凝縮していく時間となります。

　これらのことはもちろん、科学的な裏付けがあるわけではなく、あくまで「古くからの言い伝え」に近いものです。

　新月と満月のサイクルは「時間の死と再生のサイクル」です。このサイクルは、植物が繁茂しては枯れ、種によって子孫を残す、というイメージに重なります。「死」は本当の「死」ではなく、種や球根が一見眠っているように見える、その状態を意味します。

　そんな月の時間のイメージを、図にしてみました。

【新月】
種蒔き

芽が出る、新しいことを始める、目標を決める、新品を下ろす、髪を切る、悪癖をやめる、コスメなど、古いものを新しいものに替える

【上弦】
成長

勢い良く成長していく、物事を付け加える、増やす、広げる、決定していく、少し一本調子になりがち

【満月】
開花、
結実

達成、到達、充実、種の拡散、実を収穫する、人間関係の拡大、ロングスパンでの計画、このタイミングにゴールや〆切りを設定しておく

【下弦】
貯蔵、
配分

加工、貯蔵、未来を見越した作業、不要品の処分、故障したものの修理、古物の再利用を考える、蒔くべき種の選別、ダイエット開始、新月の直前、材木を切り出す

【新月】
次の
種蒔き

新しい始まり、仕切り直し、軌道修正、過去とは違った選択、変更

以下、月のフェーズを六つに分けて説明してみます。

● 新月　New moon

「スタート」です。時間がリセットされ、新しい時間が始まる！というイメージのタイミングです。この日を境に悩みや迷いから抜け出せる人も多いようです。とはいえ新月の当日は、気持ちが少し不安定になる、という人もいるようです。細い針のような月が姿を現す頃には、フレッシュで爽やかな気持ちになれるはずです。日食は「特別な新月」で、1年に二度ほど起こります。ロングスパンでの「始まり」のときです。

● 三日月〜 ● 上弦の月　Waxing crescent - First quarter moon

ほっそりした月が半月に向かうに従って、春の草花が生き生きと繁茂するように、物事が勢い良く成長・拡大していきます。大きく育てたいものをどんどん仕込んでいけるときです。

● 十三夜月〜小望月（こもちづき）　Waxing gibbous moon

少量の水より、大量の水を運ぶときのほうが慎重さを必要とします。それにも似て、この時期は物事が「完成形」に近づき、細かい目配りや粘り強さ、慎重さが必要になるようです。一歩一歩確かめながら、満月というゴールに向かいます。

○ 満月　Full moon

新月からおよそ2週間、物事がピークに達するタイミングです。文字通り「満ちる」ときで、「満を持して」実行に移せることもあるでしょう。大事なイベントが満月の日に計画されている、ということもよくあります。意識してそうしたのでなくとも、関係者の予定を繰り合わせたところ、自然と満月前後に物事のゴールが置かれることがあるのです。

月食は「特別な満月」で、半年から1年といったロングスパンでの「到達点」です。長期的なプロセスにおける「折り返し地点」のような出来事が起こりやすいときです。

◑ 十六夜の月〜寝待月　Waning gibbous moon

樹木の苗や球根を植えたい時期です。時間をかけて育てていくようなテーマが、ここでスタートさせやすいのです。また、細くなっていく月に擬えて、ダイエットを始めるのにも良い、とも言われます。植物が種をできるだけ広くまき散らそうとするように、人間関係が広がるのもこの時期です。

◑ 下弦の月〜 ◒ 二十六夜月　Last quarter - Waning crescent moon

秋から冬に球根が力を蓄えるように、ここでは「成熟」がテーマとなります。物事を手の中にしっかり掌握し、力をためつつ「次」を見据えてゆっくり動くときです。いたずらに物珍しいことに踊らされない、どっしりした姿勢が似合います。

◆ 太陽星座早見表　山羊座

（1930～2025年／日本時間）

太陽が山羊座に滞在する時間帯を下記の表にまとめました。
これより前は射手座、これより後は水瓶座ということになります。

生まれた年	期　　間	生まれた年	期　　間
1930	12/22 22:40 ~ '31 1/21 9:17	1954	12/22 18:24 ~ '55 1/21 5:01
1931	12/23 4:30 ~ '32 1/21 15:06	1955	12/23 0:11 ~ '56 1/21 10:47
1932	12/22 10:14 ~ '33 1/20 20:52	1956	12/22 6:00 ~ '57 1/20 16:38
1933	12/22 15:58 ~ '34 1/21 2:36	1957	12/22 11:49 ~ '58 1/20 22:27
1934	12/22 21:49 ~ '35 1/21 8:27	1958	12/22 17:40 ~ '59 1/21 4:18
1935	12/23 3:37 ~ '36 1/21 14:11	1959	12/22 23:34 ~ '60 1/21 10:09
1936	12/22 9:27 ~ '37 1/20 20:00	1960	12/22 5:26 ~ '61 1/20 16:00
1937	12/22 15:22 ~ '38 1/21 1:58	1961	12/22 11:19 ~ '62 1/20 21:57
1938	12/22 21:13 ~ '39 1/21 7:50	1962	12/22 17:15 ~ '63 1/21 3:53
1939	12/23 3:06 ~ '40 1/21 13:43	1963	12/22 23:02 ~ '64 1/21 9:40
1940	12/22 8:55 ~ '41 1/20 19:33	1964	12/22 4:50 ~ '65 1/20 15:28
1941	12/22 14:44 ~ '42 1/21 1:23	1965	12/22 10:40 ~ '66 1/20 21:19
1942	12/22 20:40 ~ '43 1/21 7:18	1966	12/22 16:28 ~ '67 1/21 3:07
1943	12/23 2:29 ~ '44 1/21 13:06	1967	12/22 22:16 ~ '68 1/21 8:53
1944	12/22 8:15 ~ '45 1/20 18:53	1968	12/22 4:00 ~ '69 1/20 14:37
1945	12/22 14:04 ~ '46 1/21 0:44	1969	12/22 9:44 ~ '70 1/20 20:23
1946	12/22 19:53 ~ '47 1/21 6:31	1970	12/22 15:36 ~ '71 1/21 2:12
1947	12/23 1:43 ~ '48 1/21 12:17	1971	12/22 21:24 ~ '72 1/21 7:58
1948	12/22 7:33 ~ '49 1/20 18:08	1972	12/22 3:13 ~ '73 1/20 13:47
1949	12/22 13:23 ~ '50 1/20 23:59	1973	12/22 9:08 ~ '74 1/20 19:45
1950	12/22 19:13 ~ '51 1/21 5:51	1974	12/22 14:56 ~ '75 1/21 1:35
1951	12/23 1:00 ~ '52 1/21 11:37	1975	12/22 20:46 ~ '76 1/21 7:24
1952	12/22 6:43 ~ '53 1/20 17:20	1976	12/22 2:35 ~ '77 1/20 13:13
1953	12/22 12:31 ~ '54 1/20 23:10	1977	12/22 8:23 ~ '78 1/20 19:03

生まれた年	期　　間
1978	12/22 14:21 ~ '79 1/21 0:59
1979	12/22 20:10 ~ '80 1/21 6:48
1980	12/22 1:56 ~ '81 1/20 12:35
1981	12/22 7:51 ~ '82 1/20 18:30
1982	12/22 13:38 ~ '83 1/21 0:16
1983	12/22 19:30 ~ '84 1/21 6:04
1984	12/22 1:23 ~ '85 1/20 11:57
1985	12/22 7:08 ~ '86 1/20 17:45
1986	12/22 13:02 ~ '87 1/20 23:39
1987	12/22 18:46 ~ '88 1/21 5:23
1988	12/22 0:28 ~ '89 1/20 11:06
1989	12/22 6:22 ~ '90 1/20 17:01
1990	12/22 12:07 ~ '91 1/20 22:46
1991	12/22 17:54 ~ '92 1/21 4:31
1992	12/21 23:43 ~ '93 1/20 10:22
1993	12/22 5:26 ~ '94 1/20 16:06
1994	12/22 11:23 ~ '95 1/20 21:59
1995	12/22 17:17 ~ '96 1/21 3:51
1996	12/21 23:06 ~ '97 1/20 9:41
1997	12/22 5:07 ~ '98 1/20 15:45
1998	12/22 10:56 ~ '99 1/20 21:36
1999	12/22 16:44 ~ '00 1/21 3:22
2000	12/21 22:37 ~ '01 1/20 9:16
2001	12/22 4:23 ~ '02 1/20 15:02

生まれた年	期　　間
2002	12/22 10:15 ~ '03 1/20 20:53
2003	12/22 16:05 ~ '04 1/21 2:42
2004	12/21 21:43 ~ '05 1/20 8:22
2005	12/22 3:36 ~ '06 1/20 14:15
2006	12/22 9:23 ~ '07 1/20 20:01
2007	12/22 15:09 ~ '08 1/21 1:44
2008	12/21 21:05 ~ '09 1/20 7:40
2009	12/22 2:48 ~ '10 1/20 13:28
2010	12/22 8:40 ~ '11 1/20 19:19
2011	12/22 14:31 ~ '12 1/21 1:10
2012	12/21 20:13 ~ '13 1/20 6:52
2013	12/22 2:12 ~ '14 1/20 12:51
2014	12/22 8:04 ~ '15 1/20 18:43
2015	12/22 13:49 ~ '16 1/21 0:27
2016	12/21 19:45 ~ '17 1/20 6:24
2017	12/22 1:29 ~ '18 1/20 12:09
2018	12/22 7:24 ~ '19 1/20 18:00
2019	12/22 13:21 ~ '20 1/20 23:55
2020	12/21 19:03 ~ '21 1/20 5:40
2021	12/22 1:00 ~ '22 1/20 11:38
2022	12/22 6:49 ~ '23 1/20 17:29
2023	12/22 12:28 ~ '24 1/20 23:07
2024	12/21 18:21 ~ '25 1/20 4:59
2025	12/22 0:03 ~ '26 1/20 10:44

おわりに

　これを書いているのは2022年8月なのですが、日本では新型コロナウイルスが「第7波」がピークを迎え、身近にもたくさんの人が感染するのを目の当たりにしています。2020年頃から世界を覆い始めた「コロナ禍」はなかなか収束の出口が見えないまま、多くの人を飲み込み続けています。今や世の中は「コロナ」に慣れ、意識の外側に置こうとしつつあるかのようにも見えます。

　2020年は土星と木星が同時に水瓶座入りした年で、星占い的には「グレート・コンジャンクション」「ミューテーション」など、時代の節目の時間として大いに話題になりました。2023年はその土星が水瓶座を「出て行く」年です。水瓶座は「風の星座」であり、ごく広い意味では「風邪」のような病気であった（症状は命に関わる酷いもので、単なる風邪などとはとても言えませんが！）COVID-19が、ここで土星と一緒に「退場」してくれれば！と、心から願っています。

　年次版の文庫サイズ『星栞』は、本書でシリーズ4作目となりました。表紙イラストのモチーフ「スイーツ」は、

2023年5月に木星が牡牛座に入ること、金星が獅子座に長期滞在することから、選んでみました。牡牛座は「おいしいもの」と関係が深い星座で、獅子座は華やかさ、表現力の世界です。美味しくて華やかなのは「お菓子！」だと思ったのです。また、「コロナ禍」が続く中で多くの人が心身に重大な疲労を蓄積し、自分で思うよりもずっと大きな苦悩を抱えていることも意識にありました。「甘いモノが欲しくなる時は、疲れている時だ」と言われます。かつて私も、猛烈なストレスを耐えて生きていた頃、毎日スーパーでちいさなフロランタンを買い、仕事帰りに齧っていました。何の理性的根拠もない「占い」ですが、時に人の心に希望をもたらす「溺れる者の藁」となることもあります。2023年、本書が読者の方の心に、小さな甘いキャンディのように響くことがあれば、と祈っています。

星栞 2023年の星占い
山羊座

2022年9月30日　第1刷発行

著者　石井ゆかり

発行人　石原正康
発行元　株式会社 幻冬舎コミックス
　　　　〒151-0051　東京都渋谷区千駄ヶ谷4-9-7
　　　　電話 03-5411-6431（編集）
発売元　株式会社 幻冬舎
　　　　〒151-0051　東京都渋谷区千駄ヶ谷4-9-7
　　　　電話 03-5411-6222（営業）
　　　　振替 00120-8-767643

印刷・製本所：株式会社 光邦
デザイン：竹田麻衣子（Lim）
DTP：株式会社 森の印刷屋、安居大輔（Dデザイン）
STAFF：齋藤至代（幻冬舎コミックス）、
　　　　佐藤映湖・滝澤 航（オーキャン）、三森定史
装画：砂糖ゆき